글 고희정

이화여자대학교에서 과학 교육을 전공하고 석사 학위를 받았습니다.
중고등학교와 대학교에서 과학을 가르쳤고, 방송 작가로 일하며 《딩동댕 유치원》,
《방귀대장 뿡뿡이》, 《생방송 톡톡 보니하니》, 《뽀뽀뽀》, 《꼬마요리사》, EBS 다큐프라임
《자본주의》, 《부모》, 《인문학 특강》 등의 프로그램을 만들었습니다. 지은 책으로
《어린이 과학 형사대 CSI》, 《어린이 사회 형사대 CSI》, 《의사 어벤져스》,
《신통하고 묘한 고양이 탐정》, 《육아 불변의 법칙》, 《훈육 불변의 법칙》 등이 있습니다.

그림 최미란

서울시립대학교에서 산업디자인을, 같은 학교 대학원에서 일러스트레이션을
공부했습니다. 특유의 집중력으로 여러 어린이책에 개성 강한 그림을 그렸습니다.
그린 책으로 《글자동물원》, 《탁구장의 사회생활》, 《귀신 학교》, 《슈퍼맨과 중력》,
《독수리의 오시오 고민 상담소》, 《초능력》, 《삼백이의 칠일장》, 《이야기 귀신이 와르릉
와르릉》, 《슈퍼 히어로의 똥 닦는 법》, 《겁보 만보》, 《무적 말숙》, 《백점 백곰》 등이,
쓰고 그린 책으로 《집, 잘 가꾸는 법》, 《우리는 집지킴이야!》가 있습니다.

감수 신주영

서울대학교 법대를 졸업하고 사법 시험에 합격해 현재 법무 법인 대화 소속
변호사입니다. 어렸을 때 책을 읽으며 느끼는 행복감이 커서 작가가 되고 싶다는 꿈이
있었는데 변호사 10년 차에 법정 경험담을 소재로 《법정의 고수》를 출간하면서
작가로도 활동하고 있습니다. 《세빈아, 오늘은 어떤 법을 만났니?》, 《헌법 수업》,
《옛이야기로 만나는 법 이야기》, 《질문하는 법 사전》, 《우리가 꼭 알아야 할 법 이야기》,
《대혼돈의 사이버 세상 속 나를 지키는 법》 등 법률가로서의 경험을 살려 법을 매개로
사람과 사회를 들여다보는 책들을 썼습니다.

변호사 어벤저스
⑥ 학교 폭력, 억울한 누명을 벗겨라!

초판 1쇄 발행 2025년 5월 1일
초판 2쇄 발행 2025년 9월 19일

지은이 고희정
그린이 최미란
감 수 신주영

펴낸이 김남전
편집장 유다형 | 기획·책임편집 임형진 | 편집 이경은 | 디자인 권석연
마케팅 정상원 한웅 정용민 김건우 | 경영관리 김경미

펴낸곳 ㈜가나문화콘텐츠 | 출판 등록 2002년 2월 15일 제10-2308호
주소 경기도 고양시 덕양구 호원길 3-2
전화 02-717-5494(편집부) 02-332-7755(관리부) | 팩스 02-324-9944
홈페이지 ganapub.com | 인스타그램 instagram.com/ganapub1
페이스북 facebook.com/ganapub1

ISBN 979-11-6809-127-6 (74810)
　　　979-11-6809-121-4 (세트)

ⓒ 2025, 고희정 최미란 임형진

※ 책값은 뒤표지에 표시되어 있습니다.
※ 이 책의 내용을 재사용하려면 반드시 저작권자와 ㈜가나문화콘텐츠의 동의를 얻어야 합니다.
※ 잘못된 책은 구입하신 서점에서 바꾸어 드립니다.
※ '가나출판사'는 ㈜가나문화콘텐츠의 출판 브랜드입니다.

- 제조자명: ㈜가나문화콘텐츠
- 주소 및 전화번호: 경기도 고양시 덕양구 호원길 3-2 / 02-717-5494
- 제조연월: 2025년 9월 19일
- 제조국명: 대한민국
- 사용연령: 4세 이상 어린이 제품

가나출판사는 당신의 소중한 투고 원고를 기다립니다. 책 출간에 대한 기획이나 원고가 있으신 분은
이메일 ganapub@naver.com으로 보내 주세요.

변호사 어벤저스

6 학교 폭력, 억울한 누명을 벗겨라!

글 고희정 ✦ 그림 최미란 ✦ 감수 신주영

가나

헌법 재판소 ... 16   학교 폭력 ... 22
학교 폭력 예방법 ... 24
가스라이팅 ... 28   강요죄 ... 36

교육 ... 42   교육청 ... 50
법치주의 ... 56   학생 선도 위원회 ... 60
조선의 여자 경찰, 다모 ... 64

달라진 양미수

112 긴급 신고 전화 ... 80   정당방위 ... 82
고의, 미필적 고의 ... 86   국내법, 국제법 ... 88   소년원 ... 92

미란다의 재판 ... 100 학교 폭력의 실태 ... 106
조선 시대에도 변호사가 있었을까? ... 112
여론 ... 120   정치 ... 122

국회 의원 ... 130   과학 수사 ... 136
섬유로 범인을 잡을 수 있을까? ... 140
10시 넘어서 변기 물을 내리면 불법? ... 144
학교 폭력을 예방하는 방법 ... 148

이른 아침, 법무 법인 '지음'에 한 여자아이가 들어오더니 말했다.

"안녕하세요? 이범 변호사를 만나러 왔는데요."

하소연 사무장이 일어나며 물었다.

"네, 사건을 의뢰하러 오셨어요?"

"아니요, 저는 법무 법인 '나라'의 최도아 변호사입니다."

최도아가 가방에서 명함을 꺼내 하 사무장에게 건네며 말했다. 하 사무장은 명함과 최도아를 번갈아 보며 말했다.

"최도아 변호사님이시군요······."

법무 법인 나라는 우리나라에서 5위 안에 드는 대형 로펌이다. 그래서 그런지 최도아의 행동과 말투에는 자신감이 넘쳐 흘렀다. 그런데 법무 법인 나라의 변호사가 왜 이범을 찾아온 것일까?

하 사무장이 의아해하고 있는데, 그때였다.

"선배!"

권리아가 지나가다 최도아를 보고 놀라서 부른 것이다. 최도아도 권리아를 보더니 말했다.

"리아구나!"

권리아가 반기며 물었다.

"네, 잘 지내셨죠?"

그러자 최도아가 도도한 표정을 지으며 대답했다.

"잘 지냈지. 네가 여기서 수습 변호사를 한다는 소식은 들었어. 정의랑 미수도 같이 있다며."

이범뿐 아니라, 권리아, 유정의, 양미수까지 아는 것을 보고, 하 사무장은 최도아가 누군지 알아차렸다.

'어린이 변호사 양성 프로젝트 출신 변호사님이구나!'

최도아는 어린이 변호사 양성 프로젝트 1기 출신으로, 이범과는 동기다. 그러니 권리아, 양미수, 유정의에게는 선배인 것이다. 키도 크고 옷을 어른스럽게 입어서 언뜻 알아보지 못했는데, 자세히 보니 얼굴이 아직 어려 보였다.

"네, 그런데 여기는 웬일이세요?"

권리아의 물음에 최도아가 대답했다.

"범이 만나러 왔지."

"아, 이범 선배요!"

권리아가 깨달은 듯한 표정으로 말하더니, 하 사무장에게 최도아를 소개했다.

"이 변호사님이랑 친구세요."

"그러시구나!"

하 사무장이 미소를 띠며 대답하는데, 그때였다.

"왔어?"

이범이 밖에서 나는 소리를 듣고 방에서 나왔다. 이범은 최도아를 방으로 안내하며 말했다.

"들어와."

"다음에 또 보자."

최도아가 권리아에게 인사하고 이범의 방으로 들어갔다. 하 사무장이 목소리를 낮춰 권리아에게 물었다.

"두 분이 친하셨어요?"

권리아가 대답 대신 의아한 표정으로 물었다.

"왜요?"

갑자기 친하냐고 묻는 것이 뭔가 다른 생각이 있는 것 같아서였다. 하 사무장이 웃으며 대답했다.

"그냥 왠지 별로 안 친했을 것 같아서요. 하하."

이범은 머리가 좋고 똑똑한 데다 성실하고 차분한 성격이라 학교 다닐 때부터 모범생으로 유명했다. 하지만 좀 고지식하고 융통성이 없는 편이라 '범생이'라는 별명으로 불렸다. 그런데 최도아는 겉모습도 그렇고, 말투나 행동도 자신만만하다 못해 도도해 보일 정도이니, 이범과는 전혀 다른 성격일 거라는 생각이 들었기 때문이다.

권리아가 눈이 동그래지며 말했다.

"사무장님은 사람을 꿰뚫어 보는 눈이 있으시다니까요."

하 사무장이 우쭐한 표정을 지으며 장난을 쳤다.

"뭐, 제가 사람 보는 눈이 있긴 하죠."

둘은 함께 웃음을 터뜨렸다.

"하하."

권리아는 재빨리 양미수를 회의실로 불렀다. 그리고 최도아가 왔다는 소식을 전했다. 양미수가 눈이 왕방울만해지며 되물었다.

"최 선배가? 정말?"

"그렇다니까. 지금 이 선배를 만나고 있어."

권리아의 대답에 양미수의 표정이 굳어졌다. 권리아가 양미수의 표정을 살피며 물었다.

"왜? 신경 쓰여?"

양미수가 얼른 고개를 저으며 말했다.

"아니, 신경은 무슨…….."

그러자 권리아가 양미수를 격려했다.

"걱정 마. 최 선배가 이 선배한테 고백했다가 차였다잖아."

양미수는 오래전부터 이범을 짝사랑하고 있다. 그런데 최도아도 이범을 좋아해서 고백까지 했는데, 이범이 단칼에 거절했다는 소문이 돌았었다. 그 소문이 진짜인지, 가짜인지는 모르지만, 이범을 좋아하고 있는 양미수로서는 최도아가 신경 쓰이지 않겠는가.

권리아가 말을 이었다.

"그래서 그때부터 최 선배가 이 선배를 엄청 괴롭힌다는 소문이 자자했잖아."

그런데 바로 그때였다.

"에이, 그게 말이 되냐! 그거 완전 뜬소문이야."

언제 들어와서 들었는지, 유정의가 권리아와 양미수 앞에 앉으며 말했다.

권리아가 의아해하며 물었다.

"그게 왜 뜬소문이야?"

유정의가 어이없다는 표정으로 대답했다.

"최 선배가 왜 이 선배한테 차이냐? 최 선배는 똑똑하지, 예쁘지, 집안 좋지! 이 선배가 싫다고 할 이유가 하나도 없잖아."

최도아는 학교 다닐 때부터 인기가 많았다. 또 할아버지는 **헌법 재판소** 재판관이고, 아버지는 서울 중앙 지방 법원 부장 판사다. 한마디로 법조인 집안의 딸인 것이다.

유정의의 말에 권리아는 이의를 제기했다.

"그래도 안 좋아할 수도 있지. 그건 이 선배의 권리니까."

권리아의 별명은 '또또권리'다. 시도 때도 없이 '권리'라는 말을 사용하기 때문이다.

유정의는 고개를 저으며 말했다.

"말도 안 돼."

그러자 권리아가 샐쭉한 표정을 지으며 말했다.

"너, 최 선배 엄청 좋아하나 보다."

권리아가 콕 집어 말하자, 유정의가 당황해하며 얼버무렸다.

"아니, 좋아하는 게 아니라……."

그런데 왠지 분위기가 어색해진 느낌이다. 유정의가 얼른 손사래를 치며 말했다.

"에이, 쓸데없는 말은 하지 말고. 최 선배는 왜 갑자기 이 선배를 만나러 온 거래?"

"그러게."

권리아와 양미수가 말했다. 둘도 그게 궁금했기 때문이다.

어떤 일이 헌법에 맞는지를 심판하는 사법 기관

한편, 최도아는 이범의 방에 들어와 의자에 앉더니, 방안을 둘러보며 말했다.

"소박하네."

방의 크기나 꾸밈새가 소박하다는 뜻이다. 최도아가 말을 이었다.

"그러니까 나랑 같이 우리 법무 법인으로 왔으면……."

사실 이범은 로스쿨을 졸업하고 변호사 시험에 합격한 후, 최도아와 함께 법무 법인 나라에 수습 변호사로 들어올 것을 제안받았다. 로스쿨을 수석으로 졸업하고, 변호사 시험에도 1등으로 합격했으니, 당연한 일이었다.

최도아는 좋아하는 이범과 함께 일하고 싶어서 같이 법무 법인 나라로 가자고 여러 번 말했다. 하지만 결국 이범은 나라보다 훨씬 작은 규모의 법무 법인 지음을 택했다. 물론 그 이유는 한 대표 때문이었다.

이범이 최도아의 말을 막으며 물었다.

"그 얘기는 그만하고, 갑자기 무슨 일이야?"

어젯밤, 최도아가 갑자기 전화를 해서 내일 좀 만나자고, 사무실로 오겠다고 했다. 이범이 무슨 일이냐고 물었지만, 최도아는 만나서 얘기하겠다고 했다. 이범은 최도아가 사무실까지 찾아올 이유가 뭔지 궁금했다.

최도아가 서운한 표정으로 말했다.

"뭘 또 그렇게 정색하냐."

그러더니 도도하게 표정을 바꾸며 말했다.

"내가 장수호의 법률 대리인이야."

"장수호?"

이범이 고개를 갸웃하더니, 이내 생각난 듯 되물었다.

"김우주가 학교 폭력으로 고소한 장수호?"

어제 오전, 사무실에 중학교 3학년 남자아이, 김우주와 그의 엄마 허인아가 찾아와 사건을 맡겼다. 김우주와 오랜 친구로 지낸 장수호가 김우주를 상당 기간 가스라이팅했다며, 장수호를 학교 폭력으로 고소하고 싶다는 것이었다. 그런데 그 장수호의 변호를 최도아가 맡았다는 말이다.

"응, 그리고 장수호의 어머님, 박은희 씨가 김우주의 어머님, 허인아 씨를 명예 훼손으로 고소하겠다고 하시네."

최도아의 말에 이범이 황당한 표정으로 되물었다.

"명예 훼손? 그게 말이 돼?"

최도아가 도도한 표정으로 대답했다.

"왜 안 돼? 장수호가 학교 폭력을 하지도 않았는데, 김우주 어머님이 장수호를 학교 폭력 가해자로 학교에 신고하고, 학교 폭력 위원회를 열어 달라고 난리를 치고, 또 경찰 고소에,

교육청 행정 심판까지 하겠다고 했다는데."

학교 폭력은 학교 안과 밖에서 학생을 대상으로 상해, 폭행, 협박, 약취, 모욕, 강요, 따돌림, 사이버 폭력 등에 의해 신체적, 정신적, 재산상의 피해를 입힌 행위를 말한다.

그리고 학교 폭력을 막기 위해 제정된 학교 폭력 예방법에 의하면, 피해 학생이 가해자를 학교 폭력으로 신고하면, 학교는 학교 폭력 위원회를 열어 심의해야 한다. 또 피해 학생을 보호하고 가해 학생을 선도 교육하며, 피해 학생과 가해 학생 간의 분쟁을 조정해야 한다.

이범이 어이없는 표정으로 말했다.

"학교 폭력으로 신고한 것만으로는 명예 훼손이 될 수 없어."

그러자 최도아가 당당한 표정으로 말했다.

"그건 따져 봐야지."

그러더니 이범을 쏘아보며 물었다.

"합의할 생각은 없는 거지?"

"당연하지."

이범이 대답하자, 최도아는 벌떡 일어나며 말했다.

"그럴 줄 알았어. 그래, 그럼 또 보자."

그러더니 이범이 대답도 하기 전에 나가 버리는 것이 아닌

학교 폭력 / 학교 폭력 예방법

가. 이범은 최도아의 뒷모습을 황당한 표정으로 쳐다보았다.

최도아가 돌아가자마자, 이범의 방에 후배들이 부리나케 들어왔다.

"최 선배, 왜 왔어요?"

유정의의 질문에 이범이 대답했다.

"도아가 장수호의 법률 대리인이래."

권리아가 이내 생각해 내고 물었다.

"장수호라면……. 김우주, 학폭 가해자요?"

"응, 그리고 장수호 어머님이 김우주 어머님을 명예 훼손으로 고소한다는데."

이범의 대답에 양미수가 눈이 동그래지며 물었다.

"그럼 어떡해요?"

이범이 덤덤한 표정으로 대답했다.

"어떡하긴. 잘 대응해서 이겨야지."

사실 이번 사건은 꽤 복잡하다. 어제 김우주와 엄마 허인아가 와서 장수호를 학교 폭력으로 고소하고 싶다고 하자, 고 변호사가 물었다.

학교 폭력

학생을 대상으로 신체적, 정신적, 재산적 피해를 주는 행위

학교 폭력의 예방과 대책에 필요한 사항을 규정한 법률

"수호는 우주와 어떤 관계인가요? 학교 친구인가요?"

우주 엄마가 대답했다.

"수호 엄마랑 저랑 대학 동창이에요. 그래서 아이들도 어렸을 때부터 친했어요. 서로의 엄마를 이모라고 부를 정도로요."

그래서 우주와 수호는 갓난아기 때부터 자주 만났고, 초등학교 1학년 때, 우주가 수호네 동네로 이사를 가면서 더 친해졌다는 것이다.

"제가 회사를 다니니까 은희가, 아니 수호 엄마가 우주를 자주 돌봐 줬어요. 그러다 보니 우주랑 수호랑 친해질 수밖에 없었죠."

권리아가 의아한 표정으로 물었다.

"그런데 왜 갑자기 수호가 우주를 가스라이팅했다고 의심하게 된 거죠?"

가스라이팅이란, 사실이나 사건을 의도적으로 왜곡하거나 상대방의 심리나 상황을 교묘하게 조작함으로써, 상대방이 스스로 자신의 기억이나 정신력 등을 의심하게 만들어, 상대방에 대한 지배력을 강화하는 행위를 말한다.

최근 언론을 통해 아이들 사이에서도 가스라이팅으로 인한 정서적 폭력이 많이 일어나고 있다고 알려졌다. 보통 신체적 폭력만 학교 폭력이라고 생각하기 쉬운데, 정서적 폭력 또한

 가스라이팅

피해자에게 많은 상처를 남기는, 절대 해서는 안 될 행위다.

우주 엄마가 한숨을 푹 쉬더니 대답했다.

"휴, 얼마 전에 아주 큰 사건이 있었어요."

사건의 발단은 중간고사였다. 우주와 수호는 중학교 3학년으로 같은 반인데, 중간고사 수학 시험에서 우주와 수호가 답안지를 서로 바꾸어 냈다는 것이다. 우주는 자기 답안지에 수호의 이름을, 수호는 자기 답안지에 우주의 이름을 써서 낸 것이다.

그런데 평소 공부를, 특히 수학을 잘하던 우주가 갑자기 65점을 맞자, 우주 엄마가 놀라 이유를 다그쳤고, 우주는 수호가 시켜서 답안지를 바꾸어 냈다고 실토한 것이다.

"수호가 시험을 망치면 엄마한테 혼날 것 같으니까 우주한테 답안지를 바꾸어 내라고 협박을 한 거죠."

협박은 위해를 가할 것을 통고하여 남에게 겁을 먹게 하는 것을 말한다. 그러니까 상대에게 공포심을 일으키기 위하여 생명, 신체, 자유, 명예, 재산 따위에 해를 가할 것을 통고하는 등의 행위를 하는 것이다.

협박이라는 말에, 이범이 우주에게 물었다.

"뭐라고 협박을 했는데요?"

우주가 겁먹은 표정으로 대답했다.

가스라이팅

가스라이팅이란, 타인의 심리나 상황을 교묘하게 조작해 판단력을 잃게 한 후, 그를 통제하고 지배하는 정신적인 학대 행위를 말해.

이 말은 범죄자 남편이 멀쩡한 아내를 온갖 속임수를 써서 정신병자로 몰아가는 내용의 연극, '가스등'에서 유래했지.

가스등(Gaslight) 1938년, 영국의 패트릭 해밀턴이 만든 연극

최근 우리나라에서도 가스라이팅으로 인한 학대 사건이 많이 발생하고 있어.

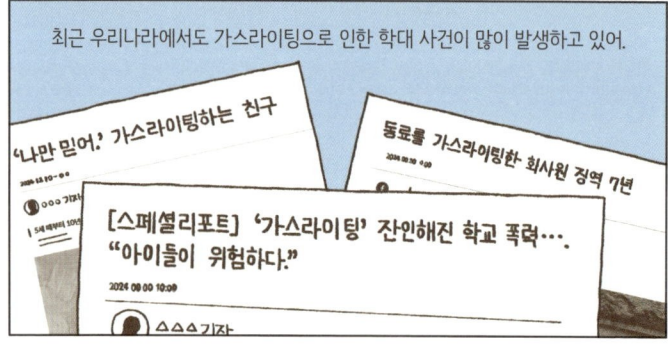

'나만 믿어.' 가스라이팅하는 친구

동료를 가스라이팅한 회사원 징역 7년

[스페셜리포트] '가스라이팅' 잔인해진 학교 폭력…. "아이들이 위험하다."

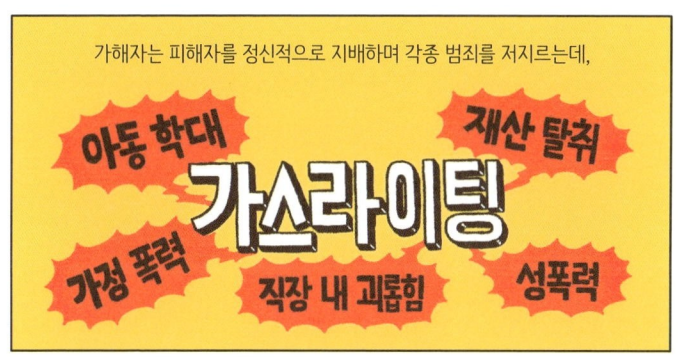

타인의 심리나 상황을 조작해 그를 통제, 지배하는 학대 행위

"시험 못 보면 자기는 집에서 쫓겨날 거고, 그럼 죽어 버릴 거라고요."

우주 엄마가 이어서 설명했다.

"그리고 그렇게 되면 다 너 때문이니까 귀신이 돼서라도 쫓아다닐 거라고 했대요. 그러니 우리 애가 얼마나 겁나고 무서웠겠어요. 그래서 수호가 시키는 대로 한 거예요. 이게 가스라이팅이 아니고 뭐겠어요."

고 변호사가 잠시 생각하더니, 우주에게 물었다.

"우주 학생, 수호가 그 말을 할 때, 어떤 기분이 들었어요?"

갑작스러운 질문에 우주는 어리둥절한 표정으로 되물었다.

"제 기분이요?"

"그래요, 어머니 말씀대로 협박처럼 느껴졌어요?"

고 변호사가 다시 묻자, 우주는 엄마의 눈치를 보더니 대답했다.

"네……."

그러자 우주 엄마가 주장했다.

"이번 일이 처음이었으면 저도 그냥 수호가 절박한 심정에 그렇게 말했다고 생각했을 거예요. 그런데 사실 그동안 이런 일이 한두 번이 아니었어요. 수호가 덩치가 크고 힘도 센 데다 욕심도 많아서 늘 우주를 졸병처럼 끌고 다니며 부려 먹었어요. 또 우주의 물건을 맨날 자기 것처럼 가져가서 안 주고 그랬다니까요. 그게 버릇이 되다 보니까, 이렇게 나쁜 짓까지 시킨 거라고요."

고 변호사가 의아한 표정으로 물었다.

"그런데 그걸 아셨으면서도 그냥 두셨어요?"

우주 엄마가 기막힌 표정으로 대답했다.

"처음에는 우주가 말을 안 해서 잘 몰랐고요. 나중에 알고 나서는 얘기했는데, 수호 엄마가 펄쩍 뛰더라고요. 억지로 시키거나 빼앗은 적 없다고요. 그리고 수호가 우주한테 얼마나 잘해 주는데 그런 소리를 하느냐고, 애들끼리 크다 보면 그럴 수도 있지 않냐며, 그런 걸로 기분 나빠하면 우주 못 봐 준다고 화를 내더라고요."

우주 엄마가 속상한 표정으로 말을 이었다.

"그렇게 나오니까 당장 우주를 맡길 데가 없잖아요. 결국 제가 미안하다고 하고 끝내 버렸어요. 우주한테는 수호한테 끌려다니지 말라고 신신당부하고요. 그래서 좀 나아졌나 생각했는데, 알고 보니 우주가 입을 꾹 다문 것이었어요. 수호가 엄마한테 말하면 가만 안 둔다고 했다는 거예요."

여하튼 우주 엄마의 주장은 수호가 우주를 오랫동안 가스라이팅해 왔고, 그래서 우주가 수호의 요구를 거절하지 못하고 답안지를 바꾸어 냈다는 것이다.

"답안지를 바꾸어 낸 것은 어떻게 됐습니까?"

유정의의 질문에 우주 엄마가 대답했다.

"다음 날, 담임 선생님께 사정 이야기를 하고, 점수를 바꾸어 달라고 했어요. 그런데 점수를 바꾸어 주기는커녕 우주와 수호가 서로 짜고 부정행위를 한 것이라며 학생 선도 위원회가 열린 거예요. 그리고 그 결과 둘 다 0점 처리되고, 교내 청소 한 달의 징계를 받게 된 거죠."

양미수가 의아한 표정으로 물었다.

"우주가 수호의 부탁, 아니, 가스라이팅 때문에 답안지를 바꾸어 낸 거라고 말씀하셨는데도요?"

우주 엄마가 억울한 목소리로 대답했다.

"네, 가스라이팅에 의한 것인지, 아닌지는 판단할 수 없다면서요. 그래서 결국 학교 폭력 위원회를 열어 달라고 요청하게 된 거예요. 그리고 교육청에도 선도 위원회의 징계를 취소해 달라는 행정 심판을 할까 합니다."

교육청은 국가 교육 정책을 실행하고, 교육 현장을 관리하는 등 학생들의 교육과 관련된 일을 하는 공공 기관이다. 또 행정 심판이란, 위법이나 부당한 행정 행위로 인해 권리나 이익을 침해당한 경우에 행정 기관이 이를 심리하고 판결하는 절차를 말한다.

이범이 의견을 냈다.

"학교 폭력 위원회를 열어 달라고 요청하셨으니, 그 결과를 지켜보신 후에 경찰 고소와 행정 심판을 진행하시는 게 좋지 않을까요?"

하지만 우주 엄마는 단호한 목소리로 말했다.

"아니요, 솔직히 학교 폭력 위원회의 결과는 뻔해요. 수호 엄마가 학부모회의 회장이거든요. 그러니 당연히 학교 폭력이 아니라는 결과가 나오지 않겠어요? 그리고 선도 위원회 징계가 취소되지 않고, 이대로 중간고사 점수가 0점 처리되면, 기말고사를 아무리 잘 봐도 소용없어요. 그럼 우리 우주는 완전히 망하는 거예요. 게다가 수호 때문에 선도 위원회 징계까지 받는 건 도저히 참을 수가 없어요. 저는 제가 할 수 있는 모든 걸 다해서 수호가 그동안 우주에게 한 짓을 밝혀내고, 징계 위원회 처분도 취소될 수 있게 만들 거예요. 그러니까 변호사님들이 도와주세요."

우주 엄마의 부탁에 결국 고 변호사는 승낙했다.

"알겠습니다. 저희가 한번 해 보겠습니다."

그리고 우주 엄마와 우주가 돌아가자, 고 변호사가 아이들에게 설명했다.

"가스라이팅은 형법상 범죄 용어가 아니니까, 강요죄로 고소해야 합니다."

강요죄란, 폭행 또는 협박으로 피해자의 권리 행사를 방해하거나, 피해자가 해야 할 의무가 없는 일을 하게 하는 범죄를 말한다. 그러니까 수호가 우주에게 거부할 수 없는 협박을 해서 어쩔 수 없이 답안지를 바꾸어 내게 했다는 것을 증명해야 강요죄가 성립된다. 한마디로 우주가 선택할 여지가 없는 상태였다는 것을 증명해야 하는 것이다.

"네!"

아이들이 대답하자, 이범이 의문을 제기했다.

"수호가 우주를 가스라이팅했다는 것을 어떻게 증명할 수 있을까요?"

가스라이팅은 가해자와 피해자 사이에서 은밀하게 일어나는 경우가 많고, 또 정서적인 문제이기 때문에 겉으로 드러나는 결과만 가지고 판단하기는 쉽지 않다. 또 가스라이팅을 당하면, 피해자들은 그 원인이 스스로에게 있다고 생각하는 경우가 많아서 가해자의 잘못을 구분해 내기가 힘들다는 문제점도 있다.

양미수가 아이디어를 냈다.

"우주의 심리 상태가 어떤지 전문가에게 상담을 받아 보는

강요죄

것은 어떨까요?"

유정의가 동의했다.

"맞아요, 고소할 때도 그렇고, 나중에 재판할 때도 전문가의 의견이 상당히 중요한 영향을 미칠 테니까요."

고 변호사가 고개를 끄덕이며 명령했다.

"일단 우주를 따로 만나 보시고, 우주와 수호의 친구들, 그리고 담임 선생님도 만나 보세요. 상담 심리 전문가는 제가 찾아보겠습니다."

아까 우주가 계속 엄마의 눈치를 보며 대답했던 것이 마음에 걸렸기 때문이다. 그렇게 아이들은 우주의 학교 폭력 사건을 맡게 된 것이다.

그런데 최도아가 수호의 법률 대리인을 맡게 되었다니, 아이들은 이범의 말대로 꼭 이기고 싶다는 생각이 들었다.

"우리 열심히 해서 쏙 이겨요!"

권리아가 주먹을 불끈 쥐며 말하자, 양미수도 같은 시늉을 하며 말했다.

"당연하지!"

권리아는 원래 열정이 넘치는 아이라 그렇다지만, 양미수까지 웬일인가. 상대가 최도아라서 그런 것일까?

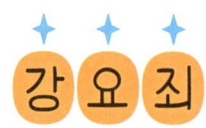

강요죄

강요죄는 형법에 의해 처벌받아.

「형법」 제324조(강요)
① 폭행 또는 협박으로 사람의 권리 행사를 방해하거나 의무 없는 일을 하게 한 자는 5년 이하의 징역 또는 3천만 원 이하의 벌금에 처한다.

또 여러 사람이 한꺼번에 폭행, 또는 협박을 하거나, 위험한 물건으로 위협하면 더 큰 벌을 받게 되지.

「형법」 제324조(강요)
② 단체 또는 다중의 위력을 보이거나 위험한 물건을 휴대하여 제1항의 죄를 범한 자는 10년 이하의 징역 또는 5천만 원 이하의 벌금에 처한다.

그러니까 어떤 이유로든 폭행이나 협박을 사용해 다른 사람의 자유를 억압하면 안 돼.

자유를 존중하자!

폭행이나 협박으로 타인의 권리 행사를 방해하거나 의무 없는 일을 하게 하는 범죄

두 아이의 속사정

두 아이의 속사정

그날 오후, 권리아, 유정의, 양미수는 우주와 수호가 다니는 학교로 갔다. 권리아가 담임 선생님을 만나 물었다.

"평소에 우주와 수호의 사이가 어땠나요?"

선생님이 대답했다.

"친해 보였어요. 처음 같은 반이 되었을 때부터요. 알고 보니, 둘이 어렸을 때부터 친구였다고 하더라고요. 어머님들도 친구시고요."

권리아가 다시 물었다.

"혹시 수호가 우주를 괴롭히거나 하지는 않았나요?"

선생님이 대답 대신 되물었다.

"수호가 우주를 가스라이팅했다는 우주 어머님의 주장 때문에 물으시는 거죠?"

"네, 우주 어머님과 우주는 그렇게 주장하고 있습니다. 그래서 저희가 조사하는 중이고요."

권리아의 말에 선생님은 잠시 망설이더니 대답했다.

"아이들을 교육하다 보면 이런 일이 종종 있는데요. 솔직히 말씀드리면, 저는 잘 모르겠어요. 우주가 워낙 말이 없고 소극적인 성격이거든요. 쉬는 시간에도 친구들과 어울리기보다는 혼자 책을 읽거나 공부하는 경우가 대부분이고요."

반면에 수호는 상당히 활발한 성격에 리더십도 있어서 친구들이 많이 따른다는 것이다.

"그런데 수호가 가끔 점심시간에 우주를 데리고 나가 축구를 하더라고요. 우주도 수호가 부르면 아무 소리 안 하고 따라 나가고요. 그래서 저는 둘이 사이가 좋다고 생각했어요. 어렸을 때부터 친했다고 하니까 더 그렇게 생각했죠."

그런데 우주 엄마가 갑자기 수호가 우주를 가스라이팅을 했다고 해서 많이 당황스러웠다는 것이다.

"그래서 아이들한테 우주와 수호 사이를 물어봤더니, 수호가 우주한테 좀 명령조로 얘기하고, 우주가 수호 말이면 아무 소리 안 하고 그대로 하기는 하지만, 크게 이상하다고 생각하지는 않았다고 해요."

그렇다면 가스라이팅을 의심할 정도의 사이는 아니라는 말이 아닌가.

교육

교육은 인간이 삶을 영위하는 데 필요한 모든 행위를 가르치고 배우는 과정이자 수단이야.

교육(敎育)
가르칠 교 | 기를 육

《맹자》에 나오는 '천하의 영재를 모아 교육하는 것이 세 번째 즐거움'이라는 글에서 유래했지.

三樂也 삼락야
得天下英才而敎育之 득천하영재이교육지
孟子 맹자

맹자 맹자와 그의 제자들의 대화를 엮은 유교 경전

교육의 목적은 한 사람이 개인 생활, 그리고 가정과 사회생활에서 보다 행복하고 가치 있게 살아갈 수 있도록 하는 것이야.

삶을 영위하는 데 필요한 모든 행위를 가르치고 배우는 과정이자 수단

권리아가 고개를 끄덕였다.

"그렇군요."

한편, 유정의는 우주와 수호 반의 반장인 김석훈을 만났다.

"수호가 우주한테 가끔 함부로 하기는 해요. 교과서나 준비물을 안 챙겨 오면 우주 것을 빼앗아 가기도 하고, 급식 먹을 때도 자기가 좋아하는 것이 나오면 우주 식판에 있는 것을 마음대로 가져가기도 하고요."

김석훈의 말에 유정의가 물었다.

"그럴 때 우주는 어떻게 하나요?"

"그냥 가만히 있어요. 싫다, 그렇게 하지 마라, 그런 말을 안 하더라고요. 그래서 처음에는 우주가 수호한테 약점 잡힌 게 있나 하는 생각도 했어요."

유정의는 수호가 우주를 졸병 부리듯 했다는 우주 엄마의 말이 떠올랐다. 김석훈이 말을 이었다.

"그런데 수호가 우주를 챙겨 주는 일도 많아요. 우주가 덩치가 작고 소심해서 일진 아이들한테 걸리기 쉽거든요. 실제로 그런 일도 몇 번 있었는데, 그걸 수호가 막아 줬어요."

"우주가 수호에게 일방적으로 당하는 관계는 아니라는 말인가요?"

유정의의 말에 김석훈은 고개를 끄덕이며 대답했다.

"서로 상부상조하는 사이? 그런 거 아니겠어요?"

상부상조(相扶相助)는 서로서로 돕는다는 뜻이다.

양미수는 우주와 수호를 초등학교 때부터 잘 알았다는 차민혁을 만났는데, 그도 비슷한 말을 했다.

"초등학교 때도 우주가 중학교 일진 형들한테 당할 뻔했는데, 수호가 구해 줬어요. 수호가 욱하는 성격이긴 해도 정의로운 면이 있거든요."

양미수가 물었다.

"둘이 싸우거나 한 적은 없었나요?"

"거의 없었어요. 아마 한두 번? 그때도 수호가 이기긴 했지만요."

차민혁의 대답에 양미수가 단도직입적으로 물었다.

"그럼 수호가 우주를 가스라이팅했다고 생각하나요?"

차민혁이 잠시 생각하더니 대답했다.

"음…… 어떤 걸 가스라이팅이라고 하는지는 잘 모르겠는데, 저는 그렇게 생각하지 않아요. 수호가 자기주장이 세고, 자기 맘대로 하는 경향이 있지만, 의리도 있어요. 그리고 우주도 수호가 필요하니까 계속 친구로 지냈던 것이 아닐까요?"

그렇다면 수호가 우주를 가스라이팅했다는 우주 엄마의 주장은 사실이 아니라는 말인가.

그 시각, 이범은 우주를 만나고 있었다. 이범이 우주에게 물었다.

"둘이 오랫동안 친구로 지냈다고 했잖아요. 수호는 자신에게 어떤 친구라고 생각해요?"

우주는 잠시 생각하더니 엉뚱한 대답을 했다.

"우유?"

우유라니, 생각지도 못한 대답에 이범이 의아한 표정으로 되물었다.

"우유요? 마시는 우유?"

우주가 설명했다.

"네, 제가 제일 싫어하는 게 우유거든요. 엄마가 키 커야 한다고 하도 먹으라고 하셔서요. 그래서 예전에는 먹는 척하고 버리기도 했어요. 요즘은 그때 우유를 안 먹고 버려서 정말 키가 안 컸나 하는 생각도 들어요. 그래서 이제라도 먹으려고 노력하고 있어요."

이범이 우주의 말에 담긴 뜻을 생각하며 물었다.

"수호가 싫기는 한데, 그렇다고 필요 없는 존재는 아니다, 그런 뜻인가요?"

"네, 사실 처음에는 수호가 별로 좋지 않았어요. 저랑 성격이 정말 다르거든요. 뭐든지 자기 마음대로 하고요. 그런데 엄마가 늦게 오는 날에는 가 있을 데가 없으니까 수호랑 놀 수밖에 없었어요. 그러다 보니 좋은 점도 있더라고요. 제가 친구를 잘 못 사귀는데, 수호는 친구가 많아 같이 껴서 놀 수 있었거든요. 여하튼 초등학교 때까지는 그래도 괜찮았는데, 중학교에 올라오면서부터는 진짜 짜증 나는 일이 많았어요."

우주의 말에 이범이 물었다.

"왜요? 둘 사이에 무슨 일이 있었나요?"

"둘 사이의 문제라기보다는 엄마들끼리의 문제였죠."

우주가 의외의 대답을 하자, 이범이 눈이 동그래져 물었다.

"엄마들끼리의 문제라니요?"

우주가 한숨을 푹 쉬더니 대답했다.

"휴, 우리를 자꾸 비교하니까요."

우주는 공부를 잘하고, 수호는 공부를 못하는 것, 반대로 우주는 소심하고 친구가 별로 없고, 수호는 활발하고 친구들에게 인기 많은 것 등을 엄마들끼리 자꾸 비교하고 시샘하기 시작했다는 것이다.

"성적만 나오면 수호가 이모한테 엄청 혼났어요. 저랑 비교당하면서요. 저는 또 학교생활이나 친구 관계에서 수호처럼 적극적이지 못하다고 맨날 혼났고요."

우주가 짜증 나는 표정으로 말하자, 이범이 물었다.

"그럴 때는 어떻게 했어요?"

"저는 그냥 '아, 짜증 난다.' 그러고 마는데, 수호는 저한테 자꾸 화풀이를 했어요. 괜히 제 것을 빼앗고, 공부 잘해서 좋겠다고 이죽거리고."

"그래서 당하고만 있었어요?"

이범이 묻자, 우주가 다시 한숨을 쉬며 대답했다.

"처음에는 싸우기도 했는데, 그럼 더 괴롭히더라고요. 가끔 수호가 불쌍하다는 생각이 들기도 했고요. 그래서 그냥 네 마음대로 해라, 하고 내버려두게 되었어요."

이야기를 듣다 보니, 이범은 우주가 수호의 가스라이팅에 의해 판단력이 흐려지거나, 자신의 의지나 생각에 반해서 행동하는 아이로는 보이지 않았다. 오히려 자기 생각이 분명하고, 스스로를 잘 다스릴 줄 아는 아이라는 생각이 들었다.

이범이 다시 물었다.

"그럼 답안지를 바꾼 진짜 이유는 뭐예요?"

우주는 선뜻 대답하지 못하더니, 결심한 듯 말했다.

"수호가 계속 징징거리면서 말하니까 귀찮기도 하고, 죽어 버리겠다는 말까지 하는 게 불쌍하기도 했어요. 이모가 화나면 진짜 무섭거든요. 수호 말대로 정말 집에서 쫓겨날 수도 있겠다는 생각도 들었어요."

그러니까 결론은 수호의 강요나 협박에 의해 답안지를 바꾼 것이 아니라는 말이다. 그런데 왜 어제 우주는 수호의 말이 협박으로 느껴졌다고 말한 것일까?

"어제는 수호의 말이 협박으로 느껴졌다고 했잖아요."

이범의 지적에 우주가 망설이며 말했다.

"그건…… 엄마가 시킨 거예요."

그러더니 괴로운 듯 머리카락을 움켜쥐며 말했다.

"아, 정말 엄마 때문에 미치겠어요. 학교에 답안지 바꾸어 냈다고 얘기만 안 했으면 0점 처리도 안 되고, 징계도 안 받았을 거 아니에요. 그런데 학폭으로 신고하고, 경찰 고소에, 교육청 행정 심판까지 하겠다고 하시니, 어떻게 해야 할지 모르겠어요. 진짜 답답해요."

이범은 기가 막혔다. 우주가 이런 생각을 하고 있는지 전혀 몰랐기 때문이다. 우주가 말을 이었다.

"어제도 갑자기 변호사 사무실에 가야 한다고, 가서 엄마가 말하는 대로 다 그렇다고 대답하라고 해서 어쩔 수 없이 그런 거예요."

이범이 표정을 굳히며 지적했다.

"고소를 하면, 그냥 친구들하고 싸우고 화해하는 것처럼 끝나지 않아요. 법적인 책임을 묻는 문제가 되는 거라고요."

교육청

교육청은 학교와 관련된 일을 하는 지방 자치 단체야.

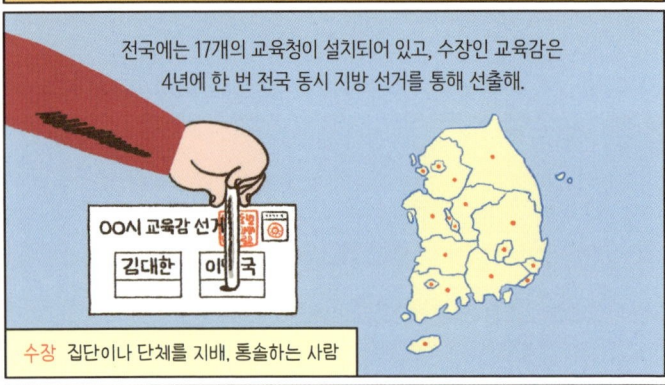

전국에는 17개의 교육청이 설치되어 있고, 수장인 교육감은 4년에 한 번 전국 동시 지방 선거를 통해 선출해.

수장 집단이나 단체를 지배, 통솔하는 사람

교육청은 교육 과정과 교재를 개발하는 등 학생들의 교육 활동을 지원해.

학교와 관련된 일을 하는 지방 자치 단체

우주가 난감한 표정으로 말했다.

"알아요, 그래서 저도 그냥 그만하자고 말렸어요. 그런데 소용이 없어요. 그러니 답답한 거죠."

이범은 이번 일이 아이들 사이의 다툼이 아니라, 우주 엄마와 수호 엄마 사이에 오랫동안 쌓인 심리적인 문제들이 답안지 사건으로 터진 것이 아닌가 하는 생각이 들었다.

이어서 우주가 학교에 답안지를 바꾸어 냈다고 얘기만 안 했으면 0점 처리도 안 되고, 처벌도 안 받았을 거라는 말에 대해서는 분명 짚고 넘어가야겠다고 생각했다.

"이유가 어떻든, 사정이 어떻든, 답안지를 바꾸어 낸 것은 엄연한 부정행위예요. 그것에 대해서는 반성하지 않는 건가요?"

우주가 고개를 숙이며 대답했다.

"그건…… 저도 잘못했다고 생각해요. 그래서 0점도, 징계도 그냥 받으려고 했어요."

그러더니 다시 고개를 들며 괴로운 표정으로 물었다.

"제가 어떻게 하면 할까요?"

이미 쏟아진 물을 다시 주워 담을 수는 없는 법이다. 그렇다면 어떻게 해야 더 이상 서로에게 상처를 입히지 않고 화해할 수 있을까.

이범이 단호한 목소리로 대답했다.

"사실대로 털어놓고 잘못을 빌어야죠. 서로 고소까지 진행하지는 않도록 말이에요."

결국 서로 만나 합의를 할 수밖에 없는 상황인 것이다. 우주가 겁나는 표정으로 말했다.

"그런다고 엄마랑 이모가 마음을 바꿀까요?"

이범이 제안했다.

"시도는 해 봐야죠. 저희가 자리를 마련해 볼 테니까, 그 자리에서 솔직하게만 말해 주세요. 그럴 수 있죠?"

우주는 고개를 끄덕였다.

"네, 그럴게요."

그러나 여전히 걱정이 가득한 표정이었다.

"우유요?"

이범이 우주가 수호를 표현한 단어를 전하자, 아이들이 황당해하며 되물었다.

"응, 한마디로 애증의 관계인 거지."

애증이란, 사랑과 미움을 아울러 이르는 말로, 어떠한 대상을 향해 애정과 증오를 동시에 가지는 심리 상태를 뜻한다.

이범의 말에 유정의가 의견을 말했다.

"그나저나 우주 어머님이 합의는 절대 안 한다고 하실 것 같은데요."

듣고 있던 고 변호사가 말했다.

"우주가 수호를 가스라이팅했다는 것을 증명할 방법이 없으니, 고소해도 무혐의 처분이 날 거예요. 그것에 대해 잘 설명드리면, 우주 어머님도 포기하시겠죠."

"두 분이 만나면 싸우실까 걱정돼요."

권리아의 말에 이범이 말했다.

"해 보는 데까지는 해 봐야죠."

이범은 수호의 법률 대리인인 법무 법인 나라의 최도아 변호사에게 전화해 상황을 전했다. 최도아가 그럴 줄 알았다는 듯 말했다.

"합의할 생각 없다며."

이범이 자신의 잘못을 인정했다.

"그러니까. 미안하다."

"미안하면 밥이나 사든가."

최도아가 기회를 놓치지 않고 말하자, 이범이 대답했다.

"알았어, 살게."

그러자 최도아가 신나서 말했다.

"그럼 내일 수호랑 수호 어머님 모시고 사무실로 갈게."

그래서 다음 날, 같이 만나기로 한 시간보다 1시간쯤 빠르게 우주 엄마를 사무실로 오시라고 했다. 전화보다는 만나서 설득하는 게 더 좋을 거 같아서였다.

고 변호사가 상황에 대해 설명하자, 예상대로 우주 엄마는 펄쩍 뛰었다.

"가스라이팅이 아니라니요. 아이한테 회유와 협박을 해서 답안지를 바꾸게 했는데, 그게 왜 가스라이팅이 아니에요."

고 변호사가 말했다.

"우주가 가스라이팅이 아니라고 인정했습니다. 수호가 불쌍하다는 생각이 들어서 그렇게 한 거라고요."

"그런 생각을 갖는 것 자체가 가스라이팅을 당한 거죠."

우주 엄마가 자신의 생각을 끝까지 주장하자, 이범이 차분한 목소리로 말했다.

"제가 우주를 만나 보니까, 우주가 자기 생각이 아주 분명하더라고요. 수호에 대해서도 정확하게 파악하고 있고요. 가스라이팅을 당할 정도로 수호에 의해 좌지우지되는 성격도 아니고요. 그러니 아드님을 믿으셔도 될 것 같습니다."

우주에 대한 칭찬을 하자, 우주 엄마는 잠시 아무 말도 안 했다.

법치주의는 국가를 사람이 아닌, 법에 따라 다스려야 한다는 원리야.

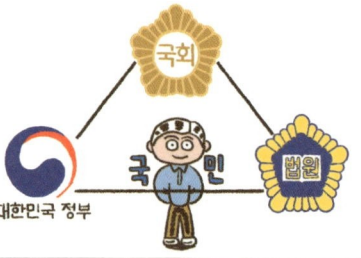

국가의 권력은 국민의 의사를 대표하는 의회가 제정한 법률에 따라 발동되어야 한다는 것이지.

만약 국가가 국민의 자유와 권리를 제한하거나, 새로운 의무를 부과하려면 반드시 법률에 따라해야 해.

국가를 법에 따라 다스린다는 원리

"……."

어떻게 할까 고민하는 것이다. 고 변호사가 덧붙였다.

"고소를 한다고 해도 증거 불충분으로 무혐의 처분이 날 확률이 높습니다. 그러니까 고소는 안 하시는 게 좋을 것 같고요. 어머님 두 분이 서로 양보하셔서 합의하시고 끝내시는 게 좋을 것 같습니다."

그런데 생각에 잠겨 있던 우주 엄마가 결심한 듯 말했다.

"그래도 수학 점수를 0점 받고, 학교 선도 위원회에서 징계까지 받았는데, 이대로 끝낼 수는 없어요."

"그럼 어떻게 하시려고요?"

고 변호사가 난감한 표정으로 묻자, 우주 엄마가 단호한 목소리로 말했다.

"고소를 안 해 주시겠다면, 다른 변호사를 알아보겠습니다."

권리아가 나서서 말렸다.

"어머니, 조금 있으면 수호랑 수호 어머님도 오실 텐데, 그러지 마시고……."

그러나 우주 엄마는 가방을 챙기며 말했다.

"아니에요. 전 합의할 생각 없어요."

그런데 바로 그때였다. 문이 벌컥 열리더니, 우주가 들어와

 학교 선도 위원회

소리를 버럭 질렀다.

"그만 좀 하세요, 엄마!"

모두 놀라 우주를 쳐다봤다. 우주 엄마도 화들짝 놀라더니, 이내 화를 냈다.

"뭘 그만해?"

"엄마 때문에 미치겠다고요. 맨날 수호네랑 비교하고, 우리 집은 돈이 없으니 네가 공부 잘해서 꼭 잘 돼야 된다, 수호네보다 잘 살아야 한다, 정말 지긋지긋해요."

우주가 그동안 괴로웠던 것들을 쏟아내자, 우주 엄마는 창피한 듯 아이들의 눈치를 살폈다.

"그건 네가 공부를 잘하니까 더 잘하라고……."

"그러니까 그게 지겹다고요!"

그때였다.

"아유, 꼴 좋다."

수호 엄마였다. 그리고 그 뒤에는 최도아와 수호가 같이 서 있었다. 수호 엄마가 들어와 우주 엄마 앞에 서며 말했다.

"수학 점수 좀 받겠다고, 멀쩡하고 착한 우리 아이를 가스라이팅이다, 학폭 가해자다, 하며 학폭위에, 경찰 고소까지 하겠다고 하더니, 이제 와서 합의하자고? 내가 기막혀서 따지러 왔다."

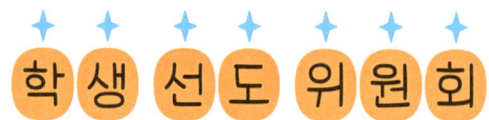

학생이 교칙을 위반하거나, 부정행위, 교권을 침해하는 등의 부적절한 행위를 하면, 학생 선도 위원회(생활 교육 위원회)가 열릴 수 있어.

선도 위원회는 학생들을 바른 길로 이끌기 위해 조직된 교내 기관으로,

보통 교감과 교무 부장, 생활 부장, 어린이회 대표, 학부모 대표 등으로 구성되지.

선도 위원회가 열리면, 학생이나 학부모에게 서면으로 통지하고 의견을 말할 기회를 줘야 해.

「초·중등 교육법」 제18조(학생의 징계)
② 학교의 장은 학생을 징계하려면 그 학생이나 보호자에게 의견을 진술할 기회를 주는 등 적정한 절차를 거쳐야 한다.

선도 위원회는 학생의 잘못이 확인되면 그 정도에 따라 징계를 내려.

초등학교, 중학교는 퇴학 처분을 내릴 수 없어.

「초·중등 교육법 시행령」 제31조 (학생의 징계 등)
1. 학교 내의 봉사
2. 사회 봉사
3. 특별 교육 이수
4. 1회 10일 이내, 연간 30일 이내의 출석 정지
5. 퇴학 처분

선도 위원회의 징계 조치는 학교 생활 기록부에 기재되지 않아.

학생의 잘못을 심의하고 징계하는 교내 기관

"합의? 난 합의한다고 한 적 없어."

우주 엄마의 말에 최도아가 이범에게 물었다.

"어떻게 된 거야?"

"아니, 그게……."

이범이 상황을 설명하려고 하는데, 갑자기 수호가 버럭 소리쳤다.

"아, 좀, 두 분 다 그만 하시면 안 돼요?"

모두 놀라 수호를 쳐다보자, 수호가 답답하다는 듯 말했다.

"엄마도 그렇고, 이모도 그렇고, 이제 그만하세요. 숨 막혀 죽을 것 같아요."

수호 엄마가 황당하다는 표정으로 따졌다.

"내가 뭘? 내가 뭘 했는데 숨이 막혀?"

"맨날 우주랑 비교하잖아요. 공부 못한다고 구박하고요. 나도 우주보다 잘하는 거 많아요. 축구도 잘하고, 친구도 많고, 노래도 잘하고. 그런데 못하는 것만 들춰내서 괴롭히잖아요."

수호의 말에 우주도 나섰다.

"그러니까 이제 비교 그만하시고, 우리를 그냥 내버려두세요. 두 분 사이의 문제는 두 분이 알아서 푸시고요."

아이들의 말에 우주 엄마와 수호 엄마는 할 말을 잃었다. 그러자 고 변호사가 나섰다.

"자, 자. 흥분을 가라앉히시고 앉으세요."

고 변호사의 말에 수호네 팀과 우주네 팀이 마주 앉았다. 고 변호사가 상황을 정리했다.

"저희가 우주 어머님의 의뢰로 사건을 맡았고, 경찰 고소를 하기 위해 여러 증거를 찾았는데, 지금까지의 결과로는 경찰 고소를 할 만한 정황이나 증거를 찾지 못했습니다. 법무 법인 나라의 최도아 변호사님은 어떠십니까?"

최도아가 대답했다.

"네, 수호 어머님의 의뢰로 우주 어머님이 명예 훼손 행위를 했는지 조사했는데요. 역시 혐의점을 찾지 못했습니다."

그러자 고 변호사가 자신의 의견을 말했다.

"그래서 저희는 두 분이 서로 잘못한 부분은 시인하고 사과하고 이 사건을 끝내는 게 낫지 않을까 싶은데요. 두 분 다 거부하시는 거죠?"

그러자 수호 엄마가 우주 엄마의 눈치를 살피며 말했다.

"뭐 저는 처음부터 고소할 생각까지는 없었으니까……."

수호 엄마의 대답에 모두의 시선이 우주 엄마에게 쏠렸다. 하지만 우주 엄마는 선뜻 대답하지 않았다. 우주의 수학 점수가 0점 처리된 것을 용납하지 못하는 것이다. 그러자 우주가 나섰다.

조선의 여자 경찰, 다 모

조선 시대는 유교 사상으로 인해 남자와 여자의 구분이 엄격했어.

남녀칠세부동석 일곱 살만 되면 남녀가 한자리에 같이 앉지 아니한다.

그런 조선 시대에도 여자 경찰이 있었는데, 이들을 '다모'라고 불렀지.

다모(茶母) 차(茶) 어머니(母)

원래 관청에서 차 대접 등을 하는 노비였는데, 조선 중기 이후에는 의금부, 형조, 포도청에서 주로 여성과 관련된 수사를 맡았어.

조선 중기 이후, 주로 여성과 관련된 수사를 맡아 했다.

"엄마, 이유야 어떻든 답안지를 바꾸어 낸 것은 제가 결정한 것이고, 제가 잘못한 거예요. 그래서 저는 0점 처리되고 징계를 받는 것이 당연하다고 생각해요. 그냥 벌 받을래요."

우주가 스스로 책임지겠다고 나서자, 수호도 반성했다.

"우주한테 말도 안 되는 부탁을 해서 이 모든 사태를 만든 건 저예요. 그러니까 제가 잘못했습니다. 용서해 주세요."

그러더니 벌떡 일어나 우주와 우주 엄마 앞에 무릎을 꿇는 것이 아닌가. 그러자 우주 엄마가 벌떡 일어나 수호를 일으키며 말했다.

"아유, 일어나. 왜 무릎까지 꿇고 그래."

그러더니 결심한 듯 말했다.

"제가 욕심 때문에 눈이 멀었었나 봐요. 미안하다, 은희야. 미안하다, 수호야."

수호 엄마도 사과했다.

"아니야. 잘못은 우리 수호가 했는데 뭐. 그리고 네가 처음 얘기했을 때, 내가 미안하다고 했어야 했는데, 너무 창피하고 화가 나서 말하지 못했어. 미안하다, 인아야."

그러자 고 변호사가 만족한 표정으로 말했다.

"그럼 됐네요. 일이 잘 해결돼서 다행입니다."

그런데 그때, 수호가 손을 번쩍 들며 말했다.

"잠깐만요. 아직 하나 더 남았어요."

모두 의아한 표정을 짓는데, 수호가 엄마와 우주 엄마를 번갈아 보며 물었다.

"이제부터 우리 둘 비교하지 않으실 거죠?"

"내가 뭐 언제 또 그렇게 비교를 했다고……."

수호 엄마가 얼버무리며 넘어가려고 하자, 우주 엄마가 먼저 대답했다.

"알았어. 이제부터는 비교하지 않도록 노력할게."

그러자 우주가 좋아서 웃으며 수호 엄마에게 물었다.

"이모는요?"

"알았어, 알았어. 이제부터 절대 비교하지 않을게."

수호 엄마가 대답하자, 수호와 우주는 손뼉을 마주치며 좋아했다.

"아싸!"

"하하."

아이들도 모두 웃음이 터졌다. 그렇게 가스라이팅 사건은 서로 고소하지 않고 화해하는 것으로 잘 마무리되었다.

달라진 양미수

달라진 양미수

우주와 수호네가 가고, 모두 회의실에서 나오자, 최도아가 이범에게 말했다.

"가자, 밥 먹으러!"

그러자 이범이 아이들의 눈치를 보며 대답했다.

"그, 그래."

어제 최도아에게 밥을 사겠다고 약속했기 때문이다. 그런데 권리아가 재빨리 끼어들어 말했다.

"저녁 드시러 가세요? 그럼 저희도 같이 가요."

최도아가 떨떠름한 표정으로 이범을 쳐다보며 말했다.

"그건······."

이범이 적당히 잘 거절해 주길 바라는 모양이었다. 그런데 유정의가 나섰다.

"오, 좋아요! 이 앞에 진짜 맛있는 파스타집이 있거든요. 거기에 가요."

최도아는 어쩔 수 없이 대답했다.

"그래, 그러자."

이범도 씩 웃으며 동의했다. 결국 아이들은 함께 저녁을 먹게 됐다. 그런데 양미수의 표정이 좋지 않았다.

'괜히 끼는 거 아닐까?'

최도아가 이범에게 둘이 밥을 먹자고 한 것은 다른 의도가 있을 거라는 생각이 들었다. 그러니 편안한 마음으로 밥을 먹기는 힘들지 않겠는가. 아니나 다를까, 최도아는 이범에게 계속 친한 척을 했다.

"학교 앞에 있는 파스타집, 우리 둘이 진짜 많이 갔는데."

"범이랑 나랑은 동기니까 말하지 않아도 잘 알지."

"범아, 너 새우 좋아하잖아. 많이 먹어."

양미수는 최도아의 말부나 눈빛만으로도 최도아가 아직 이범을 좋아하고 있다는 것을 느낄 수 있었다. 문제는 이범인데, 이범은 최도아의 친근한 말과 행동에도 별다른 표정 변화 없이, 그렇다고 거절하지도 않는 애매한 태도를 보였다.

양미수는 이범의 표정과 눈빛을 살피며 생각했다.

'선배도 최 선배를 좋아하는 건가?'

아니면 동기니까 그냥 받아 주고 있는 것일까. 그런데 다음 순간, 양미수는 이범의 진짜 마음을 알아차렸다. 이범이 최도아의 말에 적당히 맞장구를 쳐주면서도 눈은 계속 권리아를 향해 있다는 것을 깨달았기 때문이다.

양미수는 권리아의 생일 때, 선물을 주며 활짝 웃던 이범의 표정이 떠올랐다. 평소에는 거의 볼 수 없는 정말 행복한 표정이었다. 그때 잠깐 양미수는 이범이 권리아를 좋아하고 있는 것은 아닐까 생각했다. 그런데 그 후에 별다른 낌새를 보이지 않았기 때문에 잊고 있었던 것이다.

양미수는 가슴이 덜컥 내려앉았다.

'리아네! 선배는 리아를 좋아하고 있는 거였어!'

예전에 최도아가 이범에게 고백했다 차였다는 소문이 났을 때, 이범이 진짜 좋아하는 사람은 따로 있다는 소문도 돌았었다. 그렇다면 이범은 그때부터 권리아를 좋아하고 있었던 것일까?

양미수는 갑자기 머리가 아프고 가슴이 울렁거렸다. 권리아는 양미수에게 가장 친한 친구일 뿐 아니라, 양미수가 이범을 짝사랑하고 있다고 고백한 유일한 친구다. 그런데 이범은 권리아를 좋아하고 있다니. 이를 어떻게 해야 한단 말인가.

양미수가 어쩔 줄 몰라하고 있는데, 권리아가 양미수가 이상하다는 것을 느끼고 놀라며 물었다.

"왜 그래, 미수야? 어디 아파?"

그러자 모두 놀라 양미수를 쳐다봤다. 양미수가 당황해 둘러댔다.

"어, 속이 좀 안 좋아서."

그러고는 가방을 챙겨 일어나며 이범과 최도아에게 말했다.

"죄송해요. 저 먼저 갈게요."

그러자 권리아도 일어나며 말했다.

"같이 가. 내가 데려다줄게."

"그래, 리아가 같이 가 줘라."

이범이 걱정스러운 표정으로 말하자, 양미수는 손을 내저으며 거절했다.

"아니에요. 혼자 가도 돼요."

권리아가 양미수의 팔을 잡으며 말했다.

"무슨 소리야, 아픈데 내가 같이……."

그러자 갑자기 양미수가 권리아의 손을 뿌리치며 짜증을 냈다.

"나 혼자 간다니까!"

그러고는 쏜살같이 나가 버리는 것이 아닌가. 양미수의 갑작스러운 행동에 아이들은 모두 놀랐다. 평소 양미수의 성격으로는 절대 하지 않는 말과 행동이었기 때문이다.

"많이 아픈가 봐요. 제가 따라가 볼게요."

권리아가 당황한 표정으로 말하고는 양미수를 따라 나갔다. 양미수는 벌써 한참 앞서서 가고 있었다.

"미수야, 양미수!"

권리아가 뛰어가 양미수의 팔을 잡자, 양미수가 고개를 돌리는데, 이게 무슨 일인가. 울고 있는 것이 아닌가. 권리아가 화들짝 놀라며 물었다.

"왜 그래? 무슨 일이야?"

그러나 양미수는 한숨을 푹 쉬더니, 눈물을 닦으며 말했다.

"혼자 있고 싶다고. 그냥 나 좀 내버려 두라고."

양미수의 말에 권리아는 양미수의 팔을 잡고 있던 손의 힘이 쭉 빠졌다.

'나한테 말하고 싶지 않다는 거구나!'

권리아는 어쩔 수 없이 대답했다.

"알았어, 미안해."

그러자 양미수는 뒤돌아 가 버렸다. 권리아는 황급히 사라지는 양미수의 뒷모습을 보며 생각했다.

'최도아 선배 때문에 그런 건가?'

권리아는 괜히 같이 저녁을 먹자고 그랬나 후회가 됐다.

다음 날 출근했을 때도 양미수는 여전히 권리아에게 쌀쌀

맞은 표정이었다. 권리아가 양미수에게 조심스럽게 물었다.

"몸은 괜찮아?"

"응."

양미수는 굳은 표정으로 짧게 대답했다.

'나한테 삐쳤나? 그런데 왜?'

아무리 삐쳐도 그렇지, 이유를 말해 주지도 않고, 이렇게 갑자기 쌀쌀맞게 굴다니. 권리아는 양미수에게 서운한 마음이 들었다.

잠시 후, 아이들은 오전 회의를 하기 위해 회의실로 갔다. 그런데 고 변호사가 들어오더니 말했다.

"사건이 하나 들어왔는데, 살인 미수 사건입니다."

"살인 미수요?"

아이들이 놀라 동시에 물었다. 미수에 그쳤다고 해도 살인이라니! 이범이 물었다.

"가해자 쪽입니까, 피해자 쪽입니까?"

"가해자 쪽입니다."

가해자라니! 도대체 무슨 사연으로 사람을 죽이려고 한 것일까. 그런데 더 놀라운 것은 가해자라고 온 사람이 초등학교 6학년, 만 12세 아이라는 것이다.

"안녕하세요?"

아이가 잔뜩 겁먹은 표정으로 인사했다. 이름은 이다운이고 아이를 데리고 온 사람은 아빠, 이진욱이었다. 고 변호사가 간단하게 사건에 대해 확인했다.

"제가 전해 듣기로는 다운이가 중학교 2학년인 만 14세 최형식을 3층 폐건물 옥상에서 밀어 전치 8주의 부상을 입혔고, 그래서 지금 살인 미수 혐의로 경찰 조사를 받고 있다고 들었습니다. 맞습니까?"

"네, 맞습니다."

아빠가 대답하자, 다운이는 괴로운 듯 고개를 푹 숙였다. 아빠가 억울한 표정으로 주장했다.

"그런데 살인 미수는 정말 아니에요. 이 어린애가 뭘 안다고 그런 짓을 했겠어요."

"그럼 어떻게 된 것인지, 자세히 말씀해 주세요."

이범의 말에 다운 아빠가 설명을 시작했다.

"최형식은 우리 다운이를 2년이 넘게 돈을 빼앗고 때리며 괴롭힌 학교 폭력 가해자입니다. 그날도 돈을 가져오라고 했는데, 없다고 하니까 그 폐건물로 불러냈답니다."

그러고는 최형식이 친구 송영민, 정남기와 함께 다운이를 때렸단다. 권리아가 의아한 표정으로 물었다.

"그런데 왜 최형식이 다치게 된 거죠?"

"최형식이 계속 괴롭히니까 다운이가 더 이상 참을 수가 없어서 신고를 하려고 했대요. 신고를 하려면 증거가 필요하니까, 휴대 전화로 녹음을 했답니다. 그런데 맞아서 넘어지면서 주머니에서 휴대 전화가 떨어지는 바람에 들켜 버린 거죠."

그러자 최형식은 화가 나 이다운의 휴대 전화를 발로 밟아 부수고, 이다운을 마구 때리며 가만두지 않겠다고 했다. 또 그렇게 맞다가 이다운이 쓰러지자, 최형식 무리는 낄낄거리며 좋아하기도 했다는 것이다.

"그 순간, 다운이는 이러다 진짜 죽을 것 같았답니다. 그래서 최형식이 다시 때리려 하니까 도망가야겠다는 생각에 벌떡 일어나 힘껏 최형식을 밀쳤대요."

그 힘에 밀려난 최형식이 난간에 부딪쳤고, 다음 순간에 갑자기 난간이 퍽 하고 떨어져 나가면서 최형식도 같이 추락했다는 것이다.

유정의가 의아한 표정으로 물었다.

"난간이요? 난간이 갑자기 왜 떨어져 나간 건데요?"

아빠가 기막힌 표정으로 대답했다.

"그건 저도 모르죠. 폐건물이라 난간이 고정이 잘 안 돼 있었던지, 아니면 최형식이 세게 부딪치면서 떨어져 나간 건지. 여하튼 우리 다운이가 고의로 밀어서 떨어뜨린 게 아닙니다."

그래도 다행히 최형식은 폐건축 자재가 쌓여 있는 곳으로 떨어졌기 때문에 척추뼈만 골절되고 목숨은 구할 수 있었다. 그러자 함께 있던 송영민, 정남기가 119와 에 신고해 최형식은 병원으로 실려 가고, 이다운은 현장에서 경찰에 체포됐다는 것이다.

고 변호사가 고개를 끄덕이더니, 부드럽지만 단호한 목소리로 다운이에게 물었다.

"다운아, 아버님이 지금 말씀하신 게 다 사실이니?"

다운이가 잔뜩 겁먹은 표정으로 대답했다.

"네."

그러자 다운 아빠가 억울하다는 듯 말했다.

"그런데 살인 미수라니요. 우리 다운이가 최형식을 밀어 다치게 한 것은 사실이지만, 최형식이 먼저 때렸고, 도망가려다 그렇게 된 거니까, 정당방위 아닙니까?"

다운 아빠의 주장에 이범이 대답했다.

"「형법」 제21조에 의하면, 정당방위는 현재의 부당한 침해로부터 자기 또는 타인의 법익을 방위하기 위하여 한 행

위로, 상당한 이유가 있는 경우에는 벌하지 아니 한다고 되어 있습니다. 그런데 다운이가 최형식을 밀어 떨어지게 한 것은 소극적인 방어를 넘어 심한 공격을 한 것이기 때문에, 이는 정당방위가 아닌, 과잉 방어에 해당된다고 볼 수 있습니다. 그러니까 유죄라는 판단이 나올 확률이 높습니다."

고 변호사가 이어 설명했다.

"더 큰 문제는 최형식이 떨어진 폐건물이 단층이 아니라 3층 건물이라는 사실입니다. 사실 머리부터 떨어지면 2층에서만 떨어져도 사망할 수 있는 거잖아요. 그러면 피해자를 죽이려는 의도가 없었다고 하더라도 미필적 고의가 인정되어서 거의 살인죄에 해당하게 됩니다. 그나마 최형식이 목숨을 구한 것이 다행인데요. 그래도 살인 미수가 되고, 소년원 송치가 가능한 사건입니다."

미필적 고의는 의도하지는 않았지만, 자신의 행위로 어떤 결과가 일어날지 알면서도 행동하는 것을 말한다.

다운 아빠가 크게 실망하며 물었다.

"그래요? 그럼 살인 미수로 처벌될 수밖에 없다는 말씀인가요?"

고 변호사가 물었다.

"최형식 측에서는 뭐라고 말하나요?"

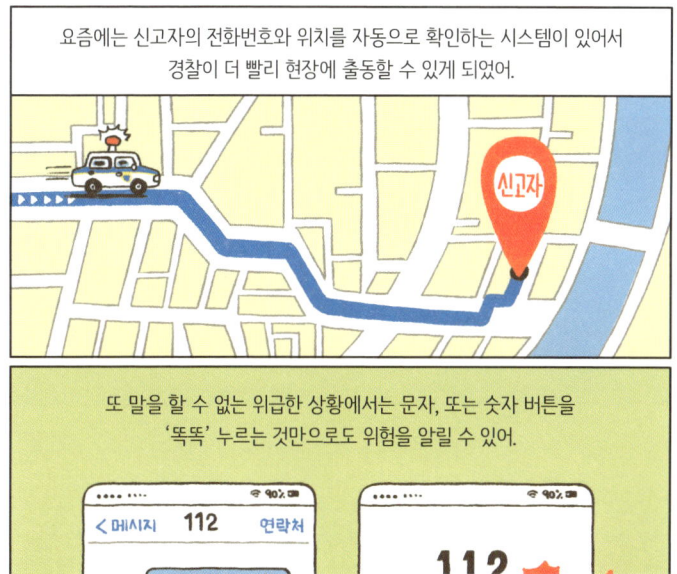

각종 범죄에서 국민들의 안전을 지켜준다.

정당방위는 자기 또는 남에게 급박하고 부당한 침해가 가해졌을 때, 이를 막기 위해 한 행위를 말해.

「형법」 제21조(정당방위)
① 현재의 부당한 침해로부터 자기 또는 타인의 법익을 방위하기 위하여 한 행위는 상당한 이유가 있는 경우에는 벌하지 아니 한다.

부당 이치에 맞지 아니 함 / **침해** 침범하여 해를 끼침 / **방위** 막아서 지킴

정당방위는 위법성 조각 사유에 해당되어 벌하지 않아.

위법성 조각 사유
범죄의 구성 요건에는 해당하지만, 위법성이 없어서 범죄가 안 되는 경우

정당방위를 인정받으려면, 먼저 현재의 부당한 침해가 있어야 해.

네가 어제 때렸으니까 나도 때리는 거야.

퍽!

어제 폭행당했다고 오늘 때리는 건 보복이라 안 돼.

그리고 자기나 타인의 법익을 방위하기 위한 행위여야 해.

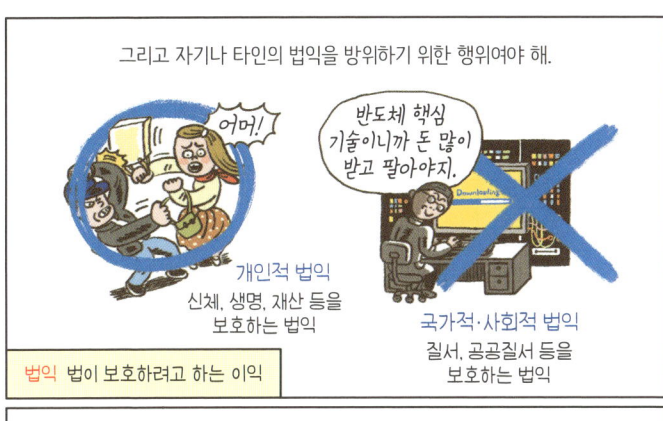

개인적 법익
신체, 생명, 재산 등을 보호하는 법익

국가적·사회적 법익
질서, 공공질서 등을 보호하는 법익

법익 법이 보호하려고 하는 이익

또 상당한 이유가 있어야 해. 방위 행위가 침해 행위에 비해 지나치게 과도해서는 안 된다는 거야.

방위 행위가 지나치면, 정당방위가 아닌 과잉 방위가 돼.
그때는 사정과 상황에 따라 형을 감경하거나 면제할 수 있어.

「형법」 제21조 (정당방위)
② 방위 행위가 그 정도를 초과한 경우에는 정황에 따라 그 형을 감경하거나 면제할 수 있다.

자신 또는 남에게 가해진 부당한 침해를 막기 위해 한 행위

"다운이가 자기를 죽이려고 밀었다고 하죠. 같이 있던 아이들도 그렇게 증언했고요."

유정의가 표정을 일그러뜨리며 말했다.

"살인 의도가 있었다, 고의로 밀었다고 주장하고 있는 거군요. 그럼 형량이 더 높아집니다."

고의는 자기의 행위에 의해 어떤 결과가 생길지 알면서도 의도적으로 그 행위를 하는 심리 상태를 말한다. 범죄 행위를 판단할 때는 고의인지, 미필적 고의인지가 상당히 중요하다. 그에 따라 형량에 차이가 나기 때문이다.

그러자 다운 아빠가 눈물이 글썽해지며 말했다.

"그럼 우리 다운이는 너무 억울한 거 아닙니까? 죽을 것 같아서, 그저 살고 싶어서 밀친 것인데, 살인 미수라니요. 무슨 법이 그렇습니까. 흑흑."

아빠가 울음을 터뜨리자, 다운이도 울기 시작했다.

"흑흑."

왜 안 그러겠는가. 아직 초등학교 6학년밖에 안 된 아이가 하루아침에 범법자가 되었으니 말이다. 게다가 따지고 보면 다운이는 지속적으로 학교 폭력을 당한 피해자가 아닌가. 그런데 오히려 가해자가 되어 버렸으니, 얼마나 끔찍하고 가슴 아프겠는가.

고의, 미필적 고의 / 법

고 변호사도 아이들도 다운이의 억울한 사연에 마음이 아팠다. 권리아와 양미수도 어느새 눈물을 흘리고 있었다.

이범이 심각한 표정으로 물었다.

"최형식 측이 뭐라고 하면서 고의라고 주장하는 겁니까?"

다운 아빠가 대답했다.

"최형식이 떨어진 쪽에 난간이 없었다는 거예요. 폐건물이라 난간이 떨어져 나간 상태였는데, 그쪽으로 밀었다며 죽이려고 그랬다고 주장하는 거죠."

이범이 다운이에게 확인했다.

"난간이 있었다는 것 확실해요?"

다운이가 훌쩍이며 대답했다.

"네, 제가 벌떡 일어나면서 최형식을 밀었는데, 최형식이 다리가 꼬였는지 자꾸 뒤로 가더니 난간에 부딪쳤어요. 그러더니 퍽 하는 소리가 나면서 난간이 떨어졌어요. 최형식이 뒤로 떨어지면서 '어어' 하는 소리를 냈고, 송영민이랑 정남기도 '어어' 하면서 잡으려고 달려갔어요. 저도 깜짝 놀라서 봤는데, 그대로 떨어져 버렸어요."

이범이 고개를 끄덕이더니 의문을 제기했다.

"만약 난간이 떨어져 나가지 않았다면, 최형식은 어떻게 됐을까요? 그래도 추락했을까요?"

고의, 미필적 고의

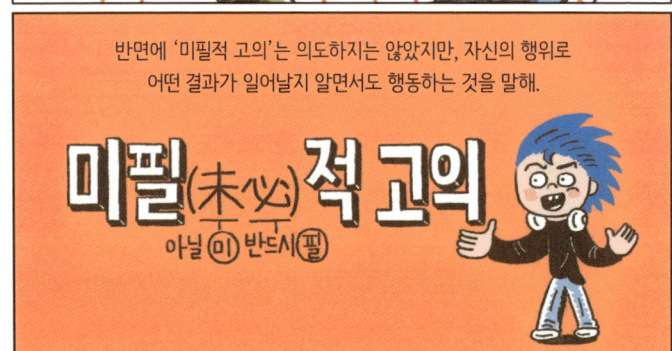

범죄의 의도가 있었는지에 따라 달라진다.

국내법, 국제법

국가마다 국가 사회의 내부 관계를 규제하는 법이 있어. 이를 '국내법'이라고 하지.

국내법은 그 나라의 주권이 미치는 범위 안에서 효력을 가져.

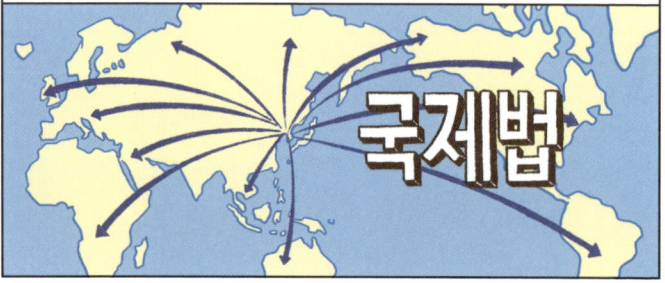

국제법은 국가 간의 관계를 규칙으로 정해 놓은 법이야. 국가 간의 협력과 국제 사회의 안정을 위해 만들어진 법이지.

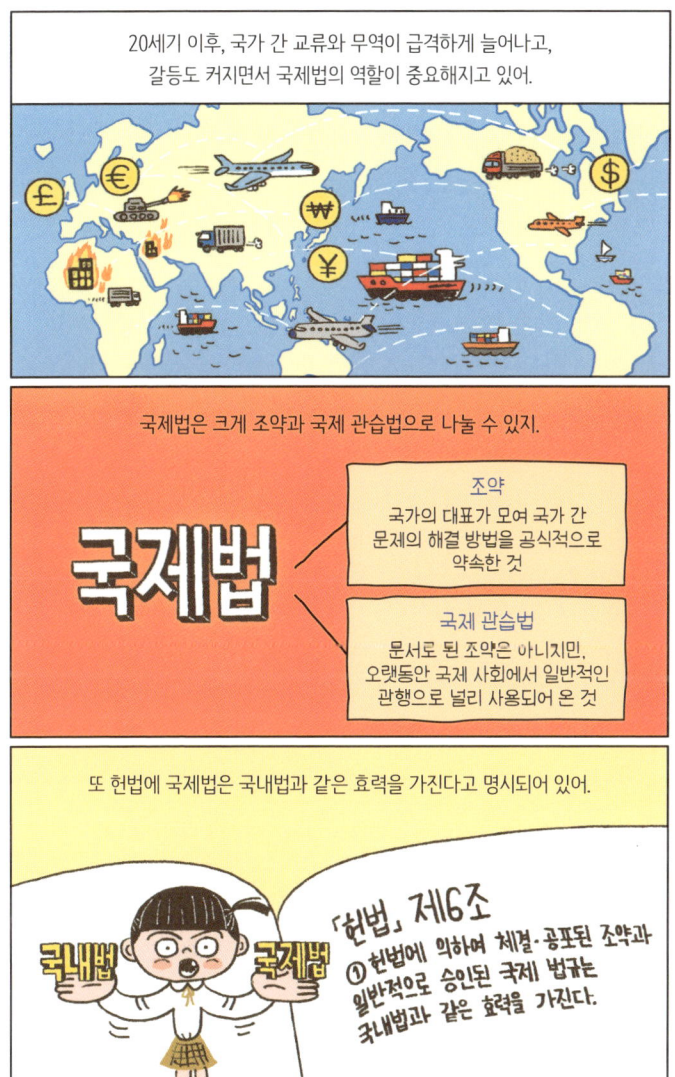

권리아가 얼른 대답했다.

"아니요, 그냥 좀 다치고 말았겠죠."

고 변호사가 이범이 질문한 의도를 파악하고 고개를 끄덕였다.

"다운이는 난간이 있으니까 최형식이 떨어지지 않을 거라고 생각했다, 그런데 난간이 떨어져 나가면서 최형식이 떨어진 거다! 만약 이 사실을 증명할 수 있으면, 살인 미수에서 폭행 치상으로 바뀔 수 있고, 처분도 낮아질 수 있겠네요."

「형법」 제250조 제1항에 의하면, 사람을 살해한 자는 사형, 무기 또는 5년 이상의 징역에 처하고, 미수범도 처벌하게 되어 있다. 반면에 폭행 치상은 「형법」 제257조와 제262조에 의해 7년 이하의 징역, 10년 이하의 자격 정지 또는 1천만 원 이하의 벌금에 처하게 되어 있다.

유정의가 덧붙여 설명했다.

"그런데 다운이는 만 12세로, 촉법소년이기 때문에 「소년법」 제32조에 의해 보호 처분을 받게 됩니다."

촉법소년은 10세 이상 14세 미만의 소년으로 형사 책임 능력이 없기 때문에, 범죄 행위를 했더라도 처벌받지 않고 보호 처분의 대상이 된다. 다운 아빠가 표정이 밝아지며 물었다.

"어떤 처분을 받게 되는데요?"

고 변호사가 의견을 말했다.

"살인 미수죄를 적용한다면, 8호 처분인 1개월 이내의 소년원 송치가 나올 것으로 예상되는데요. 폭행 치상을 적용하면, 5호 처분인 보호 관찰관의 장기 보호 관찰이 나올 것으로 예상됩니다."

그러자 양미수가 자신의 생각을 말했다.

"다운이가 최형식에게 오랫동안 학교 폭력을 당했잖아요. 그러니까 다운이가 학교 폭력 피해자라는 것이 밝혀지면, 처분이 더 낮아질 수 있지 않을까요?"

권리아가 다운이에게 물었다.

"혹시 그동안 학교 폭력을 당한 증거가 있어요?"

다운이가 속상한 표정으로 대답했다.

"휴대 전화에 다 있었는데, 최형식이 부숴 버렸어요."

그동안 최형식과 주고받은 메시지가 휴대 전화의 인스턴트 메신저인 샌드톡에 남아 있다는 것이다. 거기에는 최형식이 돈을 가져오라고 요구하는 문자, 다운이를 때리려고 불러낸 문자 등이 그대로 있다는 것. 그렇다면 최형식의 학교 폭력 혐의를 밝혀내는 데 중요한 증거가 될 것이다.

"그건 괜찮아. 디지털 포렌식하면 저장된 정보는 살릴 수 있을 거야."

소년원

범죄나 비행을 저지른 소년을 수용해 교정 교육을 하는 시설

권리아의 말에 다운 아빠가 안타까운 표정으로 말했다.

"그날, 최형식이 떨어지고 다운이가 정신이 없어서 휴대 전화를 거기에 그냥 두고 왔다는 거예요. 그래서 나중에 다시 가 봤더니 벌써 없어졌더라고요."

경찰에서 다운이가 최형식한테 2년 넘게 학교 폭력을 당했다고 진술했더니, 경찰이 증거가 있냐고 물었단다. 그래서 휴대 전화 얘기를 했고, 현장에 두고 온 것을 알고 가지러 갔더니 이미 없어졌다는 것이다.

"없어졌다고요? 망가진 휴대 전화를 누가 가지고 가요?"

양미수가 의아한 표정으로 말하자, 유정의가 날카로운 눈빛으로 추리했다.

"최형식 측이 가져간 거 아니에요? 학교 폭력 증거를 없애려고."

고 변호사가 잠시 생각하더니 말했다.

"다운아, 네가 최형식으로부터 학교 폭력을 당한 것을 아는 친구들이 있니?"

다운이가 얼른 대답했다.

"네, 있어요. 김선우랑 강지호."

고 변호사가 고개를 끄덕이며 말했다.

"다행이네요. 친구들이 증언해 주면 최형식을 학교 폭력으로 고소할 수 있습니다. 그리고 다운이가 최형식에게 오랜 기간 학교 폭력을 당했다는 것이 증명되면, 보호 처분이 달라질 거예요. 2호 수강 명령이 나올 수도 있고, 잘하면 1호 보호자 또는 보호자를 대신하여 소년을 보호할 수 있는 자에게 감호 위탁하는 처분이 나올 수도 있습니다."

○○ 아빠가 반기며 말했다.

"정말요? 그렇게만 되면 정말 좋겠네요."

그리고 다운이가 무슨 말인지 몰라 어리둥절하자, 다운이의 등을 쓰다듬으며 말했다.

"다운아, 변호사님들이 너 위해 주신대."

다운이가 다시 울음을 터뜨리며 인사했다.

"감사합니다. 흑흑."

다운이가 그동안 얼마나 마음고생, 몸고생을 많이 했을까 생각하니, 아이늘은 가슴이 아팠다.

뻔뻔한 학폭 가해자

뻔뻔한 학폭 가해자

다운이와 아빠가 돌아가자, 권리아가 고 변호사에게 물었다.

"최형식과 송영민, 정남기는 만 14세 이상이잖아요. 그럼 촉법소년이 아니니까 이다운에게 학교 폭력을 했다는 것이 밝혀지면, 「소년법」상 보호 처분이 아닌, 형사 처벌을 받을 수도 있지 않을까요?"

고 변호사가 대답했다.

"사건이 중한 경우에는 처음부터 검찰에서 형사 재판으로 넘겨 형사 처벌을 받을 수도 있고요. 소년 보호 재판으로 진행되었더라도 판사가 형사 재판으로 다시 보낼 수도 있습니다. 그러니 최형식이 이다운에게 어느 정도의 학교 폭력을 저질렀는지가 중요하겠죠."

이범이 고개를 끄덕이며 말했다.

"일단 최형식을 만나서 주장을 확인해 보겠습니다."

그러자 양미수가 화들짝 놀라며 말했다.

"아니요! 최형식은 제가 만나 볼게요."

갑작스러운 말에 모두 의아한 표정을 짓자, 양미수가 둘러댔다.

"그냥 제가 만나 보고 싶어서요. 왜 그런 주장을 하는지."

사실 양미수는 이범이 병원에 가는 것을 막기 위해 나선 것이었다. 최형식이 아직 병원에 입원해 있기 때문에 최형식을 만나려면 병원으로 가야 하는데, 이범이 병원에 갔다가 지난번처럼 다시 공황 발작이 올까 걱정이 되는 것이다.

고 변호사가 고개를 끄덕였다.

"그럼 권 변호사님과 같이 가 보시고, 송영민, 정남기도 만나 보세요."

"네, 알겠습니다."

권리아와 양미수가 대답했다. 그런데 양미수는 여전히 권리아에게 눈길을 주지 않았다.

'아직도 삐친 거야? 도대체 왜?'

권리아는 양미수가 삐친 이유를 알 수 없어 답답했다.

"그럼 저랑 유 변호사는 사건 현장에 가 보겠습니다."

이범의 말에 고 변호사가 고개를 끄덕였다.

"좋아요, 그럼 회의를 마치겠습니다."

피의자의 인권을 보장하기 위한 '미란다 원칙'이 만들어졌다.

고 변호사의 말에 모두 자리에서 일어났다. 그리고 곧바로 이범과 유정의는 사건 현장으로, 권리아와 양미수는 최형식이 입원해 있는 병원으로 향했다.

사건이 벌어진 현장은 동네와 떨어진 외진 곳에 있었다. 폐건물이라 그런지 한낮인데도 음침했다. 이런 곳에 끌려와서 도와줄 사람 한 명 없이 폭행을 당했으니, 다운이가 얼마나 아프고 무섭고 외로웠을까.

그런데 막 3층에 올라갔을 때였다.

"헉헉!"

갑자기 이범이 가슴을 부여잡고, 숨을 헐떡이는 것이 아닌가. 유정의가 화들짝 놀라 이범을 부축하며 물었다.

"선배, 왜 그래요?"

이범이 헉헉거리며 대답했다.

"공황, 공황이 와서…… 무, 물 좀 사다 줄 수 있니?"

공황이라는 말에 유정의는 깜짝 놀랐다. 이범에게 공황 장애가 있는 줄 몰랐기 때문이다.

"물이요? 알았어요."

유정의는 대답하며 재빨리 주위를 둘러봤다. 마침 낡은 의자가 하나 있었다. 유정의는 이범을 의자로 데려가 앉혔다.

"여기 앉아 있어요. 빨리 갔다 올게요."

이범이 고개를 끄덕였다. 유정의는 헐레벌떡 편의점으로 뛰어갔다. 유정의가 간 사이, 이범은 가방에서 약통을 꺼냈다. 그리고 약통에서 알약 하나를 꺼내 입에 넣고 꿀꺽 삼켰다. 이범은 가슴을 부여잡고 숨을 크게 들이쉬고 내쉬며 마음을 안정시키려고 애썼다. 이범의 눈에서는 어느새 눈물이 흘렀다.

"흑흑."

이범은 폐건물에 들어서자, 불현듯 옛날의 기억이 떠올랐다. 이범과 한대호 대표의 아들인 한지음은 단짝 친구였다. 둘은 자주 어울려 다니며 같이 공부도 하고 놀기도 했다. 그런데 어느 날부터 한지음이 달라졌다. 늘 웃고 떠들던 한지음이 말수가 줄어들고 웃지도 않더니, 자꾸 이범을 피했다. 이범은 한지음이 왜 갑자기 변했는지 이해할 수 없었다.

그러던 어느 날, 이범은 한지음이 동네 형들한테 괴롭힘 당하고 있는 것을 목격하게 되었다. 돈을 빼앗기고 매 맞는 한지음을 보며 이범은 당장이라도 달려들어 한지음을 구해 내고 싶었다. 그런데 그 형들은 동네에서도 무섭고 악랄하기로 유명했기 때문에 이범은 선뜻 나설 용기가 나지 않았다. 이범은 아무것도 하지 못하고, 그냥 숨어서 지켜볼 수밖에 없었다.

그리고 자신도 들킬지 모른다는 생각에 결국 도망을 치고 말았다. 그런데 그날 저녁, 한지음이 교통사고가 났다는 소식을 들었다. 한지음이 달리는 트럭으로 뛰어들어 사고가 났고 병원으로 옮겨졌다는 것이다. 이범은 엄마와 함께 병원으로 달려갔지만, 한지음은 과다 출혈로 결국 사망하고 말았다.

이범은 한지음의 교통사고가 낮에 있었던 일과 관련 있을 거라는 생각이 들었다. 교통사고가 난 시간이 그 시간과 1시간밖에 차이가 안 나고, 장소도 그 근처였기 때문이었다.

'도망을 치다 트럭에 치인 것은 아닐까?'

이범은 한 대표에게 자신이 알고 있는 사실을 털어놓았다. 한 대표는 큰 충격을 받았다. 아들이 학교 폭력 을 당하고 있었다는 사실을 전혀 모르고 있었기 때문이다. 한 대표는 곧바로 사건을 조사하기 시작했다.

그리고 그때부터 이범은 한지음에 대한 죄책감에 시달리게 되었다.

'내가 그때 나섰으면, 같이 도망이라도 쳤으면, 지음이는 살지 않았을까?'

'내가 못나서, 용기 내지 못해서 지음이가 죽은 거야.'

이범은 자신을 원망하고 또 원망했다. 그리고 한지음이 매맞던 모습이 시도 때도 없이 떠오르며 극심한 공포와 죄책감을 느꼈다. 또 병원에만 가면, 한지음이 사망했을 당시의 트라우마 때문에 가슴이 떨리고 숨을 쉴 수 없었다. 그렇게 공황

장애가 시작된 것이었다.

그런데 다운이의 사건 현장인 폐건물에 들어서자, 이범은 한지음이 학교 폭력을 당하던 장소와 겹쳐 보이며 또다시 공황 발작이 시작되었다.

잠시 후, 약을 먹어서 그런지, 다행히 이범의 공황 발작은 점점 잦아들었다. 이범은 마음을 진정시키고 눈물을 닦았다. 그때, 유정의가 헐레벌떡 뛰어오며 소리쳤다.

"선배, 물! 물 사 왔어요."

그러고는 페트병 뚜껑을 열어 이범에게 내밀었다. 이범은 물을 마시고 숨을 크게 내쉬더니 말했다.

"고마워."

유정의가 걱정스러운 표정으로 물었다.

"괜찮아요?"

"응, 괜찮아."

이범의 대답에 유정의가 조심스럽게 물었다.

"그런데 선배, 공황 장애 있어요?"

"응, 좀 됐어. 괜찮아진 줄 알았는데, 다시 재발해서."

이범이 고개를 끄덕이며 대답하자, 유정의는 지난 사건 때, 이범이 병원에 갔다가 몸이 안 좋았었다는 사실이 떠올랐다.

'그때도 공황 발작이 온 거였구나!'

학교 폭력의 실태

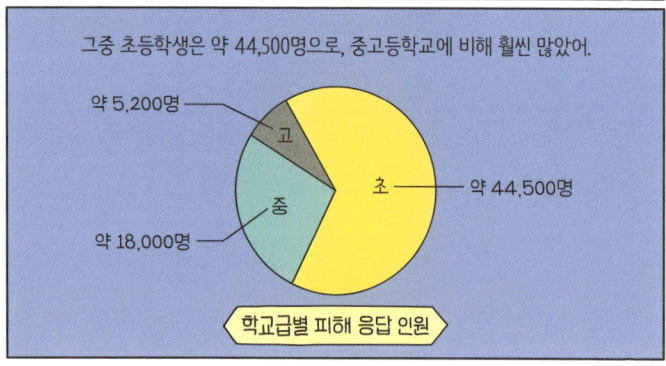

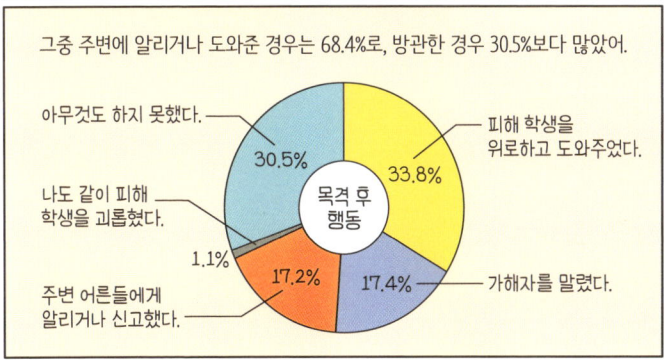

점점 늘어나며 심각해지고 있다.

유정의가 깨닫고 말했다.

"그럼 선배, 제가 혼자 살펴봐도 되니까 먼저 들어가세요."

그러나 이범이 고개를 저으며 말했다.

"아니야, 약 먹어서 곧 괜찮아질거야. 그리고 이번 사건은 내가 꼭 밝혀내고 싶어."

이범은 다운이의 사건을 듣는 순간부터 한지음의 학교 폭력 사건과 유사하다는 생각이 들었다. 그래서 이번 사건은 어떻게든 해결해야겠다는 결심을 한 것이다.

이범의 대답에 유정의는 더 이상 말릴 수 없었다. 이범과 유정의는 사건 현장을 면밀히 살펴보며 사진을 찍었다. 유정의가 난간이 고정되어 있던 벽면을 살펴보더니 말했다.

"난간이 여기 붙어 있었던 것 같은데, 시멘트가 다 떨어져 나갔네요. 최형식이 부딪치면서 그 힘 때문에 난간이 떨어져 나갔다는 증거가 되지 않을까요?"

그러자 이범이 고개를 갸웃하며 말했다.

"도구를 써서 난간을 떼어 낼 때도 그렇게 되지 않을까? 최형식이 부딪쳐서 그렇게 됐다는 증거는 될 수 없을 것 같은데."

난간을 떼어 내려면 망치나 장도리 같은 도구를 써서 주변의 시멘트를 부숴야 떨어질 테니 말이다. 그러니 시멘트가 떨어져 나간 것만으로는 난간이 어떻게 떨어져 나갔는지 알 수 없는 것이다. 이범과 유정의는 아래로 내려가 최형식이 떨어졌다는 위치를 살펴봤다. 최형식이 떨어졌다는 곳에는 건축용 스티로폼과 합판 등 폐건축 자재가 높이 2미터 정도로 쌓여 있었다. 그리고 그 옆으로 위에서 떨어진 난간이 널브러져 있었다. 굵은 쇠로 된 것이었는데, 곳곳에 녹이 슬어 있었다.

"이 정도 녹슬어 있었으면, 웬만한 힘으로 밀어도 쑥 빠졌겠는데요."

유정의의 말에 이범도 고개를 끄덕였다. 하지만 난간이 사건 당시 어디에 어떻게 있었는지는 알아낼 수 없었다.

한편, 권리아와 양미수는 병원으로 향했다. 양미수는 여전히 권리아에게 시선을 주지 않고 말도 안 했다. 권리아는 답답한 마음을 더 이상 참을 수가 없어서 물었다.

"너 왜 나한테 말도 안 하고 쳐다보지도 않아? 왜 그래?"

양미수가 표정을 굳히며 대답했다.

"그냥. 별로 말하고 싶지 않아서."

권리아가 다시 물었다.

"어제 내가 최 선배랑 같이 밥 먹자고 해서 그래? 최 선배가 이 선배 좋아하는 거 계속 티 내서 기분 빠빠서 그러는 거야?"

"아니."

양미수의 대답에 권리아가 답답해하며 말했다.

"그럼 왜 그래? 내가 뭘 잘못했는지 말해 줘야 고칠 거 아냐."

양미수가 잠시 아무 말 안 하더니, 한숨을 쉬며 말했다.

"휴, 네가 잘못한 건 없어. 그냥 나 혼자 그러는 거야."

"내가 잘못한 게 없다고? 그런데 왜 나한테 그렇게 행동하는데?"

권리아가 억울한 마음에 화를 내자, 그때였다. 갑자기 양미수가 눈물을 뚝뚝 흘리는 게 아닌가. 어젯밤에도 울더니, 왜 또 우는 것일까?

권리아가 화들짝 놀라며 물었다.

"울어? 왜 울어, 미수야?"

양미수의 별명은 '미수테리'다. 엉뚱한 성격으로 종종 예상치 못한 말과 행동을 하기 때문이다. 그렇지만 어제나 오늘처럼 갑자기 운 적은 없었다. 권리아가 당황해 묻자, 양미수는 창피한 듯 얼른 눈물을 닦으며 말했다.

"미안해. 내가 아직 정리가 안 돼서 그래. 정리되면 그때 말할게. 조금만 기다려 줘."

"알았어, 그럴게. 기다릴 테니까 울지 마."

권리아가 양미수를 달래자, 양미수는 고개를 끄덕였다. 그러는 사이, 버스가 병원 앞에 도착했다. 권리아와 양미수는 버스에서 내려 병원으로 들어갔다. 그리고 마음을 가다듬고 최형식을 만나러 갔다.

최형식의 병실에는 마침 송영민과 정남기도 와 있었다. 셋은 뭐가 그리 재미있는지 낄낄거리고 있다가 권리아와 양미수가 들어가자, 얼른 웃음을 거뒀다.

권리아가 변호사 명함을 내밀며 자신을 소개했다.

"법무 법인 지음의 권리아 변호사입니다."

양미수도 명함을 내밀며 인사했다.

"양미수 변호사입니다."

최형식은 명함을 보더니 비웃는 표정으로 말했다.

"아주 일찍 변호사가 되셨네요."

그러더니 침대 옆 탁자에 명함을 던지며 물었다.

"뭐가 알고 싶어 왔는데요?"

삐딱하게 말하는 폼이 딱 봐도 불량해 보였다. 권리아가 꾹 참고 물었다.

"이다운과는 어떻게 아는 사이였나요?"

'외지부'가 변호사 역할을 했다.

최형식이 별거 아니라는 표정으로 말했다.

"그냥 뭐 동네에서 오다가다 만난 사이? 걔가 형, 형 하면서 따라다니니까 몇 번 만나 준 거예요."

최형식의 대답에 송영민과 정남기가 재미있다는 듯 낄낄거렸다. 양미수가 기분 나빠 날 선 목소리로 말했다.

"이다운은 세 사람이 2년 넘게 학교 폭력을 했다고 주장하고 있는데요."

최형식이 깜짝 놀라는 척하더니, 손을 내저으며 말했다.

"학교 폭력이요? 아유, 말도 안 되는 소리예요."

양미수가 다시 물었다.

"수시로 돈을 빼앗고, 때렸다는데요?"

최형식이 딱 잡아뗐다.

"우리 집, 부자예요. 내가 뭐가 부족해서 코흘리개 돈을 빼앗아요. 오히려 이다운이 돈을 빌려달라고 해서 몇 번 빌려준 적은 있지만요."

"이다운이 돈을 빌려달라고 했다고요? 왜요?"

권리아가 날카로운 눈빛으로 묻자, 최형식이 대답했다.

"게임 머니가 없다고요. 부모님이 게임을 못하게 한다고."

그러자 송영민이 나섰다.

"그날도 이다운이 돈 빌려달라고 해서 만난 거예요. 하도 사정을 해서."

정남기도 보탰다.

"그래서 우리가 너 그렇게 살지 말아라, 부모님이 아시면 얼마나 속상하시겠냐, 하면서 타일렀는데, 그 녀석이 갑자기 달려들더라고요. 그래서 몇 대 치고 받았는데, 갑자기 형식이를 확 민 거예요. 난간도 없는 3층이었는데."

최형식이 끔찍하다는 듯 몸을 과장되게 떨며 말했다.

"나 죽으라고 민 거죠. 그 녀석, 아주 무서운 놈이에요."

"이다운은 거기 난간이 있었다고 하던데요."

권리아의 말에 셋이 동시에 대답했다.

"아니요, 없었어요."

마치 짠 것처럼 말이다. 사정이 이러니, 양미수도 단도직입적으로 물었다.

"이다운의 휴대 전화를 가져갔죠? 학폭 증거 없애려고."

이번에도 최형식은 딱 잡아뗐다.

"학폭을 한 적이 없는데, 학폭 증거를 왜 없애요. 그리고 난 이다운의 휴대 전화를 본 적도 없어요."

권리아가 송영민와 정남기를 쳐다보자, 송영민이 어깨를 으쓱하며 대답했다.

"나도 못 봤어요."

"나도요."

정남기도 발뺌을 했다. 하기야 솔직히 말할 사람들이 아니지. 그런 양심이 있는 사람들이라면 학폭을 저지르지도 않았을 것이다. 그러자 최형식이 히죽거리며 말했다.

"앞으로 필요한 건 우리 변호사님한테 물어보시고 찾아오지 마세요. 아, 그리고 나 이렇게 다쳐서 손해 본 거, 민사 소송 걸어서 보상금 탈탈 털어 낼 테니까 잘 준비하시고요."

결국 권리아와 양미수는 병실에서 쫓겨나다시피 나올 수밖에 없었다.

"수상하긴 하지?"

권리아의 말에 양미수는 말없이 고개를 끄덕였다. 예상은 했지만, 권리아와 양미수는 최형식과 그 친구들이 얼마나 뻔뻔하고 나쁜 아이들인지 새삼 느낄 수 있었다.

그렇다면 고 변호사의 말대로 이다운 친구들을 만나 증언을 들을 수밖에 없게 되었다. 병원에서 나온 권리아와 양미수는 이다운의 친구인 김선우와 강지호를 만나러 갔다.

"다운이가 최형식이라는 형한테 2년이 넘도록 돈을 빼앗기고 폭행도 당했다고 하는데, 그 사실을 알고 있었어요?"

권리아의 질문에 김선우가 고개를 저었다.

"아니요, 몰랐어요."

양미수가 의아한 표정으로 되물었다.

"몰랐다고요? 다운이는 두 사람이 알고 있다고 하던데요."

강지호가 난처한 표정으로 말했다.

"그게…… 여하튼 저희는 아무것도 몰라요."

권리아가 다시 물었다.

"그럼 최형식은요? 최형식은 알죠?"

그러자 강지호가 김선우의 눈치를 살피며 말했다.

"알긴 해요. 그 형 아버지가 국회 의원이래요. 엄청 높은 분이라고. 그리고 예전에도 학폭 사건이 있었는데, 결국 신고한 피해자만 전학을 갔대요."

그러자 김선우가 강지호의 입을 막으며 말했다.

"그런 것까지 얘기하면 어떡해!"

권리아가 놓치지 않고 물었다.

"왜요? 누가 얘기하지 말라고 했어요?"

김선우와 강지호는 겁먹은 표정으로 고개를 끄덕였다. 그렇다면 최형식 측에서 먼저 손을 쓴 게 분명하다. 학교 폭력을 감추기 위해 다운이의 휴대 전화를 빼돌리고, 증언할 아이들의 입까지 막은 것이다.

아이들에게 더 이상의 이야기를 들을 수 없을 것 같아 양미수가 말했다.

"알았어요. 고마워요."

결국 권리아와 양미수는 별 소득 없이 사무실로 들어올 수밖에 없었다.

다음 날 아침, 회의실에 모여 조사한 내용을 전하자, 고 변호사가 말했다.

"최형식 아버님이 최고인 국회 의원이랍니다."

어제 아이들이 조사하러 나간 사이, 알아본 것이다.

"최고인 국회 의원이요? 그분 유명하신 분 아니에요?"

유정의가 눈이 동그래져 묻자, 이범이 대답했다.

"맞아요, 3선 의원에 국가정의당 대표도 하셨었어요."

권리아가 기막힌 표정으로 말했다.

"그럼 국회 의원 아들이 학폭을 저지르고 다니는 거예요? 그리고 아버지는 그걸 막아 주고 있는 거고요?"

고 변호사가 씁쓸한 표정으로 말했다.

"아들이 학폭을 저지른 것이 알려지면, 자신에 대한 부정적인 여론이 생길 테고, 그럼 정치하는 데 걸림돌이 될 테니까 막으려는 거겠죠."

그러자 권리아가 눈을 부릅뜨며 말했다.

"그렇다면 이 사건은 꼭 제대로 밝혀내야 되겠네요. 이번에도 제대로 밝혀내지 못하고 처벌하지 못한다면, 최형식은 앞

여론 / 정치

으로도 계속 아버지의 백을 믿고, 학교 폭력을 저지를 거예요."

모두 고개를 끄덕였다. 잘못을 했으면, 스스로 잘못을 깨닫고 책임지게 해야 다음에는 그러한 잘못을 저지르지 않으려고 노력하게 된다. 그런데 아버지라는 사람이, 그것도 국회 의원이라는 사람이 자신의 명예와 권력을 위해 아들의 잘못을 덮는 데에만 급급하다니. 아들이 뭘 보고 배우겠는가.

그나저나 이제 어떡할 것인가. 이다운의 말대로 난간이 있었다는 것을 증명할 증거도, 최형식을 학교 폭력으로 고소할 증거도 못 찾았으니 말이다.

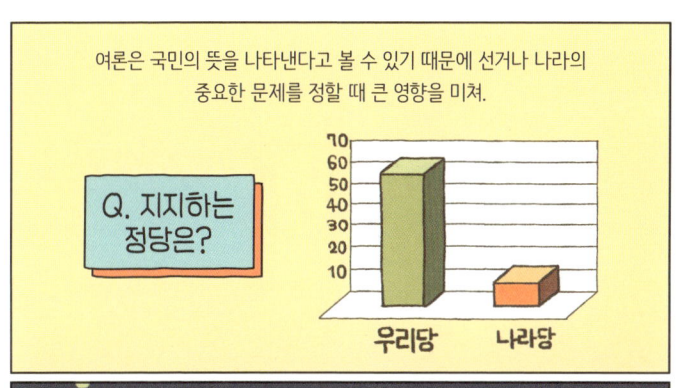

사회 대중의 공통된 생각이나 의견

정치

사람들 사이에 일어난 문제를 해결하는 활동

그런데 그때, 유정의의 컴퓨터에서 '톡톡' 소리가 들렸다. 컴퓨터용 샌드톡에 메시지가 와서 알람이 들린 것이다. 유정의가 화들짝 놀라며 말했다.

"앗! 죄송합니다."

그러고는 얼른 알람을 껐다. 회의 중에는 휴대 전화나 컴퓨터의 소리를 꺼 놓아야 하는데, 깜박 잊은 것이다. 그런데 다음 순간, 유정의는 번뜩 떠오르는 것이 있었다.

"가만! 다운이의 샌드톡도 컴퓨터에 연결되어 있지 않을까요?"

컴퓨터에 컴퓨터용 샌드톡 프로그램을 다운받으면 컴퓨터에서도 샌드톡으로 메시지를 주고받을 수 있다. 그건 컴퓨터로도 다운이가 최형식과 주고받은 메시지를 볼 수 있다는 말이다.

"그러네요! 저도 컴퓨터로 일할 때는 컴퓨터용 샌드톡을 쓰거든요. 휴대 전화를 보는 것보다 편리해서요."

권리아가 반기며 말하자, 유정의가 덧붙였다.

"휴대 전화가 고장났을 때도 많이 쓰죠. 거기에 기록이 다 남아 있고, 휴대 전화와 똑같이 사용할 수 있으니까요."

그러자 양미수가 걱정스러운 표정으로 물었다.

"최형식이 다운이의 휴대 전화를 가지고 있잖아요. 다운이와 주고받은 메시지를 다 지워 버렸을 수도 있지 않을까요?"

유정의가 의기양양한 표정으로 말했다.

"아니요, 휴대 전화에 있는 내용을 지워도 컴퓨터에는 그대로 남아 있어요."

유정의의 별명은 '유스타'다. 어렸을 때는 키즈 유튜버로 활동하고, 지금은 인플루언서로 유명하기 때문이다. 그래서 컴퓨터에 대해서는 모르는 것이 없다.

고 변호사가 만족한 표정으로 말했다.

"다운이가 컴퓨터용 샌드톡을 사용했는지 확인해 보세요."

"네, 잠시만요."

유정의가 대답하고 재빨리 이다운의 아빠에게 전화해 물었다. 아빠는 다시 이다운에게 묻더니, 바로 대답했다.

"있답니다. 컴퓨터에서 샌드톡을 쓴 적이 있대요. 정신이 없어서 그건 생각도 하지 못했네요."

"그럼 최형식과 주고받은 메시지가 남아 있는지 확인해서 보내 주세요."

유정의의 부탁에 다운 아빠는 알겠다고 하고 전화를 끊었다. 양미수가 기대에 찬 표정으로 말했다.

"그럼 최형식을 학교 폭력으로 고소할 수 있겠네요."

그리고 잠시 후, 다운 아빠는 최근 최형식과 다운이가 주고받은 메시지를 캡처해 보내 주었다. 거기에는 최형식이 다운이에게 돈을 가져오라고 하고, 다운이가 돈이 없다며 사정하자 폐건물로 나오라고 한 것 등 최형식의 학폭 증거가 모두 들어 있었다.

"우선 최근 것만 캡처한 거예요. 이전 것도 많이 있어요."

다운 아빠의 말로는 최형식의 학폭 증거가 차고 넘친다는 것이다. 고 변호사가 단호한 표정으로 말했다.

"이거 증거 자료로 해서 최형식, 바로 경찰에 고소합시다."

"네!"

아이들이 신나서 대답했다. 그런데 그때, 똑똑 하는 노크 소리와 함께 문이 열리더니, 하 사무장이 들어와 말했다.

"고 변호사님, 대표님이 잠깐 오시랍니다."

고 변호사가 벌떡 일어나며 말했다.

"아, 네."

그러더니 아이들에게 말했다.

"난간 문제는 방법을 더 찾아보죠."

"네, 알겠습니다."

아이들이 대답하자, 고 변호사는 한 대표 방으로 갔다. 그러자 이범이 일어나며 말했다.

"현장에 다시 가 봐야겠어."

"현장에요?"

유정의가 의아한 표정으로 묻자, 이범이 대답했다.

"응, 놓친 게 있을 수도 있잖아."

"저도 같이 가요."

권리아가 따라 일어나며 말하자, 유정의도 나섰다.

"그럼 다 같이 가 보자."

결국 아이들은 다시 사건 현장으로 갔다.

그 시각, 한 대표와 고 변호사는 심각한 표정으로 이야기를 나누고 있었다. 고 변호사가 최형식의 학폭 증거를 확보했다고 하자, 한 대표가 말했다.

"최고인 국회 의원 의 아들이라는 말이지?"

"네."

고 변호사가 대답하자, 한 대표는 잠시 생각하더니 말했다.

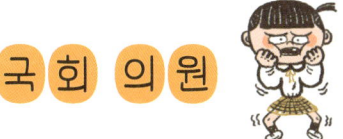

국회 의원

국민의 대표로서 국회를 이루는 구성원

"그렇다면 법무 법인 다올의 박경수 대표 변호사가 맡았을 거야. 둘이 고등학교 동창으로 친하거든."

"검찰 총장까지 하신 박 변호사님이요?"

"응, 사건 의뢰를 받으면 어떤 수를 써서라도 꼭 이기고야 마는 분으로 유명하지."

그래서 최형식의 학교 폭력을 감추고, 이다운에게 다 뒤집어씌우고 있는 것일까. 그런데 바로 그때, 한 대표의 휴대 전화가 울렸다. 한 대표가 전화 건 사람의 이름을 보더니, 표정이 굳으며 말했다.

"서울 남부 지방 검찰청 임현태 부장인데."

"임 부장님이요?"

갑자기 검찰청 부장 검사가 전화를 하다니. 한 대표와 고 변호사는 그가 최고인과 박경수, 둘 중 한 사람의 부탁을 받고 전화했다는 것을 알아차렸다.

"에휴!"

한 대표는 한숨을 쉬더니 전화를 받지도 않고 끊어 버렸다. 고 변호사가 깜짝 놀라며 물었다.

"안 받으세요?"

한 대표가 짜증 나는 표정으로 말했다.

"받아서 뭐 해. 뻔한 소리나 할 텐데."

한 대표 사무실에서 이다운의 변호를 맡은 것을 알고 회유를 하기 위해, 안 되면 협박이라도 해서 사건을 맡지 않게 하려는 것이 분명하다. 그러니 한 대표는 아예 전화를 받지 않는 것이다. 검사 시절부터 정의롭지 않은 일에는 눈 하나 깜짝하지 않은 대쪽 같은 사람이었으니 말해 무엇하겠는가. 고 변호사도 한 대표의 성격을 잘 아니 말했다.

"그러니까요. 오히려 대포에 불붙이는 꼴인데, 아직도 그걸 모르시네요. 하하."

한 대표의 별명은 '한대포'다. 목소리가 크기도 하지만, 한번 마음 먹은 일은 끝까지 밀어붙이기 때문에 붙은 별명이다. 그런데 대포에 불을 붙이며 어떻게 되겠는가. 순식간에 날아가 펑! 터지지 않겠는가.

고 변호사가 웃자, 한 대표가 말했다.

"그러니까 속전속결! 대포처럼 밀어붙여서 한 방에 끝내야 돼. 저쪽에서 손 쓸 틈도 없게."

시간을 끌면 끌수록 증거 찾기는 더 어려워질 테고, 저쪽에서 무슨 또 다른 일을 꾸밀지 모르니 말이다.

"알겠습니다."

고 변호사는 대답하고 한 대표의 방을 나왔다. 그리고 씩 웃으며 생각했다.

'역시 대표님이야!'

고 변호사는 어떤 유혹이나 어려움에도 굴복하지 않는 한 대표의 정의로움과 뚝심이 진심으로 존경스러웠다.

그 시각, 아이들은 사건 현장에 도착해 다시 한번 샅샅이 뒤졌다. 그런데 떨어져 나간 난간을 유심히 살펴보던 이범이 뭔가를 발견하고 말했다.

"어, 이거 혹시!"

주변에 있던 아이들이 몰려들었다.

"왜요? 뭐요?"

이범은 녹슬어 부서진 난간의 끝부분에 끼어 있는 작은 헝겊 조각을 조심스럽게 들어 보이며 말했다.

"이거 혹시 최형식의 교복 조각이 아닐까? 난간에 부딪쳐 떨어질 때 찢어진 거 같은데."

그러자 양미수가 눈이 동그래지며 말했다.

"오, 교복 색깔이랑 비슷해요!"

최형식을 만나러 병원에 갔을 때, 송영민과 정남기가 교복을 입었는데, 그 색깔이 기억난 것이다.

"그럼 이 헝겊 조각이 최형식의 교복에서 찢어진 것임을 증명하면, 최형식은 난간과 같이 떨어진 것이고, 결국 난간이 있었다는 사실이 증명되지 않을까?"

이범의 의견에 권리아가 동의했다.

"그럼 난간이 없었다는 최형식의 주장이 거짓임이 드러나고, 우리는 난간이 있었으므로 이다운은 최형식이 떨어질 걸 예상할 수 없었다, 그러니까 고의도, 미필적 고의도 아니다, 하고 주장하면 되겠네요."

"그러면 되겠네!"

양미수가 동의하는데, 유정의가 의문을 제기했다.

"그런데 이 헝겊 조각이 최형식의 교복에서 찢어진 거라는 것을 어떻게 증명해?"

권리아가 자신만만한 표정으로 대답했다.

"국립 과학 수사 연구원에 섬유 감정을 의뢰하면, 섬유의 형태와 크기, 겉모습뿐 아니라, 염료와 섬유의 화학 성분까지 분석할 수 있거든. 그럼 헝겊 조각이 최형식의 교복에서 찢어진 거라는 것을 충분히 증명할 수 있어."

권리아는 부모님이 경찰이라 과학 수사에 대해 잘 안다.

"정말? 대단하다!"

양미수가 신기한 듯 눈을 동그랗게 뜨며 말했다. 그리고 어느새 권리아와 말을 하고 있는 자신을 발견했다. 사건을 해결할 실마리를 찾으니 좋아서 권리아에 대한 섭섭한 마음을 깜박 잊은 것이다. 양미수는 겸연쩍어 얼른 입을 다물었다.

과학 수사

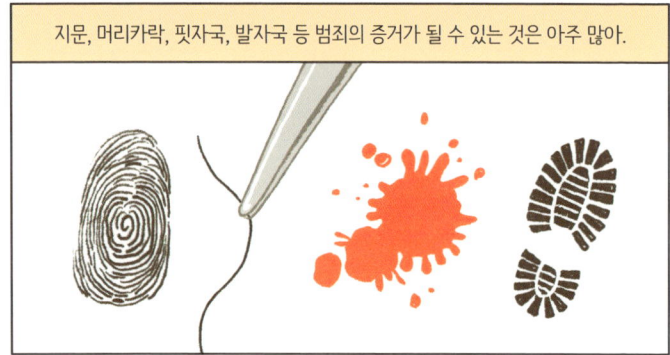

과학 지식과 과학 기술 및 기구를 이용하는 수사 방법

'이제 좀 풀렸나 보네.'

권리아는 그런 양미수가 귀엽고 웃겼지만, 모른 척했다. 유정의가 최형식이 앞에 있는 것처럼 주먹을 불끈 쥐며 말했다.

"최형식, 이제 넌 끝이야!"

이범은 헝겊 조각을 휴지에 잘 쌌다. 그리고 다음 날, 경찰에 증거물로 제출하며, 최형식의 교복을 증거물로 압수해 함께 국립 과학 수사 연구원에 섬유 감정을 해 달라고 요청했다. 또 최형식의 학폭 증거물을 첨부해 최형식을 학교 폭력 혐의로 경찰에 고소했다.

그리고 일주일 후, 경찰로부터 연락이 왔다.

"섬유 증거가 최형식의 교복의 섬유와 일치한다는 결과가 나왔습니다."

"그럼 난간이 없었다는 최형식의 말은 거짓말로 드러난 거네요."

이범의 말에 경찰이 인정했다.

"맞습니다. 그래서 이다운을 폭행 치상 혐의로 검찰에 송치할 예정입니다."

"알겠습니다. 감사합니다."

결국 살인 미수가 아닌, 폭행 치상으로 혐의가 바뀐 것이다. 이범이 소식을 전하자, 아이들은 환호했다.

"와!"

이다운의 억울한 누명을 벗길 수 있게 되었다. 이번 사건은 자신이 꼭 밝혀내고 싶다는 이범의 결심이 실현된 것이다.

명확한 증거가 나오고, 경찰에서 다운이를 서울 가정 법원에 폭행 치상 혐의로 송치한다고 하자, 한 대표는 최고인 의원에게 직접 전화했다.

"무슨 일입니까?"

최 의원이 쌀쌀한 목소리로 물었다. 최형식의 범행과 거짓말을 증명할 증거가 나오자, 최 의원도 더 이상 손을 쓸 수 없는 상황이 된 것이다.

한 대표가 친절한 듯 하지만 단호한 목소리로 제안했다.

"이제라도 인정하고 사과하시는 게 아드님한테도, 의원님한테도 좋지 않겠습니까?"

최 의원이 버럭 화를 냈다.

"인정하고 사과하라니요. 나보고 기자 회견이라도 해서 잘못했다고 고개라도 숙이라는 말씀입니까?"

그러자 한 대표가 경고했다.

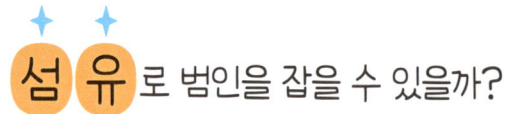

섬유로 범인을 잡을 수 있을까?

섬유란 가늘고 긴 실 모양의 물질, 또는 그것으로 만든 직물을 말해.

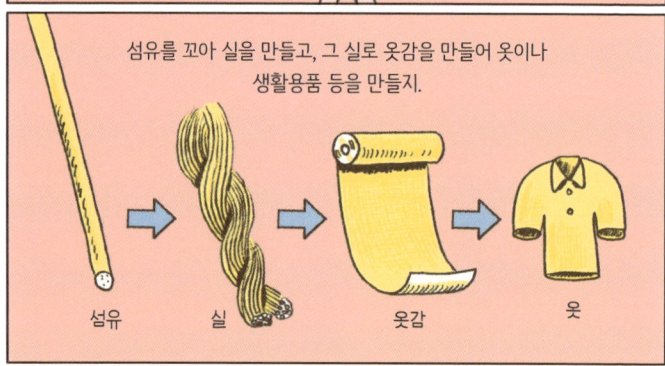

섬유를 꼬아 실을 만들고, 그 실로 옷감을 만들어 옷이나 생활용품 등을 만들지.

섬유 → 실 → 옷감 → 옷

섬유는 천연 물질로 만든 것도 있고, 물질을 합성해 인공적으로 만든 것도 있어.

천연 섬유 　　 인조 섬유

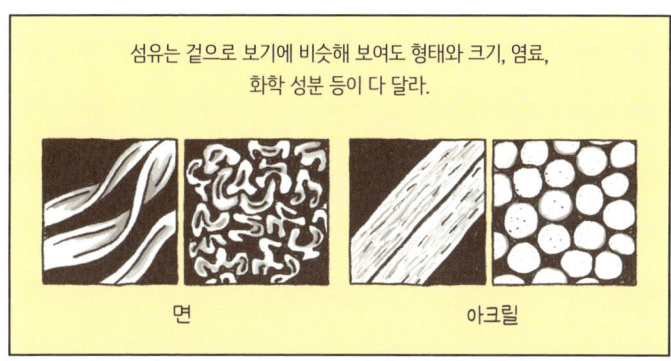

섬유의 형태, 크기, 염료, 화학 성분을 분석하면 중요한 증거가 된다.

"네, 법을 만드시는 국회 의원이시니, 당연히 그렇게 하셔야죠. 그렇지 않으면, 그동안 아들의 학폭 증거를 감추기 위해 의원님이 증거를 인멸하고, 증인들의 입을 막고 거짓으로 증언하게 한 것까지 모두 밝혀낼 테니까요."

결국 최 의원은 한 대표의 제안을 받아들였다.

"알겠습니다. 잘못을 했으면 사과해야죠."

그리고 다음 날, 최 의원은 기자 회견을 열어 최형식의 학교 폭력을 인정하고 사과했다.

"제가 부족해 자식을 잘못 키웠습니다. 그동안 제 아들로 인해 고통받은 피해자들에게 깊은 사죄의 말씀을 드립니다. 다시는 이런 일이 재발하지 않도록 잘 가르치겠습니다."

그리고 3주 후, 이다운의 폭행 치상 혐의에 대한 소년 보호 재판이 열렸다.

이범이 보조인으로 이다운을 변호했다.

"보호 소년은 2년이 넘는 시간을 피해자 최형식의 학교 폭력에 시달렸습니다. 사건 당일도 보호 소년은 최형식에게 돈을 가져다주지 못하자, 사건 현장인 폐건물에 끌려가, 최형식, 송영민, 정남기에게 장시간 폭행을 당했습니다. 세 명은 모두 중학교 2학년으로, 초등학교 6학년인 보호 소년이 혼자서는 도저히 이길 수 없는 덩치와 힘을 가진 형들입니다. 보호 소년

은 폭행을 견디다 못해 이대로 계속 맞다가는 죽을 것 같다는 생각을 했고, 그래서 어떻게든 살겠다는 생각으로 최형식을 밀친 것입니다. 전후 사정으로 볼 때, 보호 소년은 최형식을 죽이겠다는 의지가 전혀 없었으며, 그런 생각을 할 여력도 없는 상태였음은 분명한 사실입니다. 또한 이다운은 난간이 있는 걸 알고 있었고, 최형식이 3층 높이에서 떨어질 거라고는 생각하지 못했습니다. 그러니 이러한 사정을 참작하여 보호 처분을 내려 주시기를 간곡히 부탁드립니다."

그러자 판사가 이다운에게 물었다.

"다운아, 최형식이 다친 것에 대해서는 어떻게 생각하니?"

다운이가 겁먹은 표정으로 대답했다.

"형이 그렇게 다칠 거라고는 생각하지 못했어요. 하지만 제가 밀어서 다친 거니까 잘못했습니다."

판사는 고개를 끄덕이더니, 단호한 표정으로 선고했다.

"선고하겠습니다. 보호 소년 이다운은 사건 당일, 폭행을 견디다 못해 피해자 최형식을 밀어 다치게 한 것이지, 피해자를 고의로, 또는 미필적 고의로 다치게 한 것은 아니라고 판단된다. 또한 피해자 최형식에게 오랜 시간 학교 폭력을 당해 왔으므로, 이 사실을 참작해 보호 소년에 대하여 1호 보호 처분을 내린다."

10시 넘어서 변기 물을 내리면 불법?

알프스 산맥과 호수 등 아름다운 자연환경으로 유명한 나라, 스위스.

스위스 사람들은 조용하고 평화로운 생활 환경을 중요하게 생각한대.

그래서 밤 10시 이후에는 변기 물을 내리거나, 샤워를 하면 안 되고,

스위스에는 밤 10시 이후 소음을 규제하는 법이 있다.

1호 보호 처분은 보호자 또는 보호자를 대신하여 소년을 보호할 수 있는 자에게 감호(감독하고 보호함) 위탁을 처분한 것이다. 즉, 다운이가 일상생활로 돌아가 부모님의 감독과 보호를 받도록 한 것이다.

다운 아빠가 벌떡 일어나 판사에게 고개 숙여 인사했다.

"감사합니다. 정말 감사합니다."

판사가 다운 아빠에게 말했다.

"다운이가 이 사건으로 큰 상처를 받지 않도록, 또 앞으로는 절대로 학교 폭력에 시달리지 않도록 부모님이 잘 돌봐 주시고, 보호해 주시기 바랍니다."

"네, 알겠습니다. 그렇게 하겠습니다."

다운 아빠가 대답하자, 이범이 다가가 다운이와 다운 아빠를 밖으로 안내했다. 밖에는 고 변호사와 권리아, 양미수, 유정의가 기다리고 있었다.

"어떻게 됐어요?"

권리아가 떨리는 표정으로 묻자, 이범이 대답했다.

"1호 보호 처분을 받았어."

그러자 모두 안도의 한숨을 쉬며 반겼다.

"휴, 다행이다."

다운 아빠가 감사의 인사를 했다.

"변호사님들이 우리 다운이를 살려 주셨습니다. 진심으로 감사드립니다."

그러자 고 변호사가 다운이의 머리를 쓰다듬으며 말했다.

"다운아, 앞으로는 학교 폭력을 당하거나 당할 것 같으면 바로 부모님께 말씀드려야 해. 가해자는 참고 시키는 대로 한다고 절대 그만두지 않으니까. 알았지?"

"네, 감사합니다."

다운이가 고개 숙여 인사했다. 그렇게 다운이의 살인 미수 사건은 아이들의 맹활약으로 잘 마무리되었다. 그리고 일주일 후에는 최형식과 송영민, 정남기에 대한 소년 보호 재판이 열렸다. 최 의원은 최형식과 함께 재판에 출석해 최형식이 앞으로 다시는 학교 폭력을 저지르지 않도록 잘 교육시키겠다고 약속했다. 그 결과, 판사는 세 명 모두에게 3호 처분으로, 100시간의 사회 봉사 명령을 내렸다. 원래 5~6호 처분도 가능한 혐의였지만, 최 의원이 기자 회견까지 해서 사과했다는 점을 참작한 것이다.

그렇게 학교 폭력 사건이 모두 해결되고, 다음 날이었다. 이범이 아이들을 회의실로 부르더니 말했다.

"우선 리아한테 고백할 게 있어."

고백이라는 말에, 양미수는 가슴이 철렁 내려앉았다.

학교 폭력을 예방하는 방법

자신의 감정을 솔직하게 표현하고, 단호하게 싫다고 말한다.

'좋아한다고 고백하려는 건가?'

권리아에게 고백을 한다면 그것밖에 없지 않겠는가. 양미수는 갑작스러운 상황에 당황해 안절부절못했다. 아무리 친한 친구라고 해도, 또 이범이 권리아를 좋아하고 있다는 사실을 알고 있다고 해도, 고백하는 것을 직접 보고 싶지는 않았기 때문이다. 그래서 양미수는 도망가야겠다고 생각하고, 핑곗거리를 찾고 있는데, 그때였다.

"사실 나 공황 장애를 앓고 있어."

이범의 예상치 못한 말에 양미수는 깜짝 놀라 이범을 쳐다봤다. 권리아도 마찬가지였다.

"공황 장애요?"

권리아가 되묻자, 유정의가 이범 대신 대답했다.

"응, 지난번에 사건 현장에 갔을 때도 선배가 공황 발작이 왔었어."

권리아가 의아한 표정으로 양미수를 쳐다보며 물었다.

"저한테만 말씀하시는 건…… 미수, 너도 알고 있었어?"

양미수가 대답했다.

"응, 지난번 이준희 사건으로 병원에 갔을 때."

권리아가 이제야 깨달은 듯 말했다.

"아, 그때 선배 아팠다고 했죠."

그러더니 이내 서운한 표정으로 말했다.

"그럼 나만 몰랐던 거네."

이범이 미안한 표정으로 말했다.

"알리려고 한 건 아니고, 발작이 오니까 알게 된 거지."

권리아가 고개를 끄덕이더니, 이내 생각난 듯 물었다.

"그럼 혹시 대표님 아들의 교통사고 때문에……?"

그러더니 얼른 자기 입을 막았다. 하 사무장에게 이범의 친구이자, 한 대표의 아들인 한지음이 교통사고로 사망했다는 말을 들었지만, 모른 척하기로 약속했기 때문이다.

그런데 이범이 시인했다.

"알고 있었구나. 맞아, 한 대표님의 아들, 한지음은 나랑 가장 친한 친구였어."

이범은 한지음이 학교 폭력을 당했고, 그 사실을 목격하고도 자신이 나서지 못했으며, 한지음이 그날 도망치다 교통사고로 사망했다는 사실을 털어놓았다.

"그럼 그때의 트라우마로 공황 장애에 걸린 거예요?"

유정의가 묻자, 이범이 대답했다.

"응, 계속 약 먹고 치료해서 이제 괜찮다고 생각했는데, 다시 재발한 거야. 그런데 걱정하지 마. 치료받고 있으니까 곧 괜찮아질 거야."

하지만 아이들은 걱정하지 않을 수 없었다. 공황 발작은 언제 어떻게 시작될지 모른다는 것이 가장 큰 문제이기 때문이다.

'얼마나 마음이 아팠을까.'

이범의 사연을 들으니, 양미수는 가슴이 아팠다. 그리고 문득 이범에게 필요한 사람은 자신이 아니라, 권리아라는 생각이 들었다. 공황 장애는 마음이 아픈 병이니까, 좋아하는 사람에게 위로받고 함께 시간을 보내면 좋아지지 않을까 생각한 것이다.

'나라면 좋았을 텐데.'

양미수는 속이 상했지만, 이범의 마음을 바꿀 수는 없지 않겠는가. 그렇다면, 이범을 위해 어떻게 해야 할까?

'리아에게 얘기해야 하나.'

이범의 성격으로 봐서 권리아에게 쉽게 고백하지 않을 게 뻔하기 때문이다. 양미수는 깊은 고민에 빠졌다.

**법무 법인 지음,
그곳엔 아주 특별한 변호사들이 있다!**

각종 사건 사고를 해결하며 진짜 변호사로 성장하는 변호사 어벤저스의 멋진 활약이 펼쳐진다.

어린이 법학 동화
변호사 어벤저스

1. **명예 훼손죄**, 진실을 말해 줘!
2. **동물 보호법**, 책임감을 가져라!
3. **아동 복지법**, 위기의 아이를 구하라!
4. **형법**, 진짜 범인을 찾아라!
5. **도로 교통법**, 누가 가해자인가!
6. **학교 폭력**, 억울한 누명을 벗겨라!
7. **식품 위생법**, 양심을 지켜라!
8. **사이버 범죄**, 숨은 범인을 찾아라!
9. **저작권법**, 권리를 지켜라! (근간)
10. **청소년 보호법** (가제/근간)

글 고희정 ◆ 그림 최미란 ◆ 감수 신주영